작은 마음의 눈으로
사랑하라

최인호
함께 가는 이야기

작은 마음의 눈으로 사랑하라

제삼기획

작은 마음의 눈으로 사랑하라

차 례

- 책머리에 · 8

1. 나무에 관한 세 가지의 시

인생의 일기예보 · 13
호반의 벤치 · 22
팔짱을 낍시다 · 29
인생의 장미꽃 한 송이 · 37
청계산 오르는 길에 · 45
조용한 사람 · 54
나무에 관한 세 가지의 시 · 61
천사와 악마 · 69
마음으로 보라 · 78
있는 그대로의 모습 · 85
칼국수 한 그릇의 철학 · 93

2. 평화의 전사

아버지와 아들·103
엄격한 아버지·110
다혜의 졸업식·117
아버지와 딸·126
단 하나의 친구·135
평화의 전사·142
핀업걸과 엄마의 스프·150
꽃피고 새 우는 집·158
장모님, 우리 어머니·164
목욕탕의 추억·171
거짓말하지 말아라·185

3. 젊은 날의 약속

아, 고구려! · 211
자랑스런 조선족 · 219
생각은 운명을 낳는다 · 228
의상을 벗어라 · 232
바르샤바의 큰누님 · 239
네 속을 아느냐? · 246
경허를 통해 부처를 만나다 · 253
히말라야의 백설처럼 · 268
젊은 날의 약속 · 275
자나깨나 운전 조심 · 283
개자추(介子推)의 교훈 · 290

● 책머리에

둥지 속의 평화

나이가 들수록 가정의 소중함을 절실히 느끼고 있다. 무릇 태어나는 모든 사람들에게 있어 가정이야말로 학교요, 수도원이요, 법정이며, 병원이자 전쟁터이며, 지옥이자 천국이라는 사실을 뼈저리게 느끼고 있다.

현대의 모든 비극은 바로 가정에서부터 출발한다고 나는 생각한다. 사회악은 사랑의 결핍에서부터 출발하며 범죄 역시 사랑의 결핍에 따른 상처에서 출발한다고 나는 믿는다.

그러나 대부분의 사람들은 가정은 다만 가족들이 모여서 휴식을 취하는 휴게실이나 아니면 강요된 침묵을 요구하는 도서관처럼 생각하고 있을 뿐이다. 가정은 화려한 말이 난무하는 사교장도 아니며 가슴 속으로 증오의 감정을 품으면서도 적과의 동침이 이루어지는 침실도 아닌 것이다.

아이는 가정에서 태어나 가정에서 크고 가정에서 어른이 되어 또 하나의 가정을 이룬다. 아이는 자신이 배운 가정을 자신이 새로 꾸민 가정에서 그대로 이어나간다. 그리하여 악은 악으로 세습되고 무관심은 무관심으로 이어지며 이기심은 이기심으로 악순환된다. 또한 마찬가지로 사랑은 사랑으로 이어지며 평화는 또 하나의 평화로 발전되는 것이다.

  가정에서의 폭력과 범죄는 대부분 사랑이라는 이름하에 보다 악질적이고 은밀하게 이루어지므로서 가장 참혹한 결과를 나타낸다. 그럼에도 불구하고 대부분의 가족들은 사랑 속에서 다함께 평화를 이루고 있다고 착각하고 있다.

  여기에 실린 글들은 대부분 일상 생활에서 일어날 수 있는 평범한 가족들의 이야기이다. 그러나 어느 가정에서나 일어날 수 있고 어느 가족들이나 경험할 수 있는 평범한 이야기야말로 우리 삶의 근원이라고 나는 생각한다.

  마더 데레사는 이렇게 말하였다.

  '모든 가정에서부터 사랑은 출발한다. 가정이야말로 사랑의 샘이 솟는 사랑의 원천이다.'

  경제적으로 어려운 이 시대에 이 글모음집이 평화를 찾아 순례 전쟁의 길을 떠나는 십자군과 같은 아버지와 아들, 엄마와 딸 그 모든 전사들에게 따뜻한 위로와 가슴을 덥히는 작은 위안의 불씨가 되기를 나는 소망한다.

1998년 1월

최인호

1. 나무에 관한 세 가지의 시

인생의 일기예보

　나는 일기예보 시간을 좋아한다. 그것은 내일 비가 올 것인가 말 것인가, 추울 것인가, 눈이 올 것인가를 따져서 내일을 대비하려는 사전 준비 때문은 아니다. 내가 하는 일이 날씨와 상관없는 일이고 보면 비가 오건, 눈이 오건, 바람이 불건 글 쓰는 작업에는 전혀 영향을 받지 않는다.
　다만 하루하루가 그 하루임에도 불구하고, 그 날의 천기도가 언제나 그렇게 다르게 나타나는 것을 보면 마치 도레미파솔라시의 7음계에 의해서 지금까지 수억 곡 이상의 노래들이 작곡되어지는 것처럼 신비스럽기 때문이다.
　매일매일 어김없이 일기예보가 방송되지만, 결국 비 오고 바람 불고 눈 오고 안개 끼고 파도가 높고 낮고 쾌청한 날씨의 몇 가지 일기가 되풀이되는 것에 지나지 않는 것이다. 고기압이고 저기압이고 아무리 기상도를 그려봐야 궂은 날씨와 맑은 날씨의 변화에 지나지 않는 것이다.

우리의 인생도 이와 같은 일기예보와 같게 느껴진다. 수십억의 인간들이 모여서 제 나름대로의 인생을 살고 있다지만 결국 기쁘고 슬프고, 행복하고 불행한 두 가지 감성의 교차에 지나지 않는다. 궂은 날이 있으면 맑은 날이 있듯이 그 어떤 불행한 사람에게도 반드시 행복한 때가 다가오기 마련인 것이다. 때문에 오늘의 날씨가 바람 불고 비가 온다고 해서 지나치게 근심하거나 슬퍼할 필요도 없으며 오늘의 날씨가 쾌청하고 구름 한 점 없이 맑다고 해서 우산이나 비옷을 없애서는 안되겠다.

우리들의 인생에는 이러한 리듬이 있는 것 같다. 아직 많이 살았다고는 할 수 없지만 공자가 말하였던 하늘의 뜻을 알게 된다는 '지천명(知天命)'을 넘긴 나이에 이르러 가만히 지난 일들을 되돌아 생각하면, 지난 내 인생에도 분명히 밀물과 썰물이 교차되어 번갈아 나타나고 있음을 알게 된다.

바다가 우리들의 인생이라면 대륙은 목표하는 우리들의 꿈이다. 한창 밀물이 밀려들 때는 바닷물이 곧 대륙을 삼킬 것 같지만 결국 대륙의 기슭을 핥는 것에 지나지 않는다. 또한 한창 썰물이 빠져나갈 때는 바다가 곧 마를 것 같아도 바다의 수위가 조금도 변치 않는 선에서 일단 멈추고 마는 것이다. 우리의 인생도 마찬가지여서 욕망으로 불타오를 때는 태풍까지 불러들여 대륙을 침몰시킬 것 같지만 고작 대륙의 기슭을 강타하는 것에 지나지 않는 것이다.

지난 7, 8년간을 가만 생각하면 썰물의 시간이었던 것 같다. 썰물도 매달 두 차례엔 '조금'이라 하여서 조수(潮水)가 가장 많이 빠져나가는 때가 있는데 지난 수 년간은 내 인생에 있어서 물이 가장 많이 빠져나갔던 조금이었던 것 같다. 물러서고 물러서고 물러갈 수 있는 데까지 물러섰던 간조(干潮)의 계절이었던 것 같다.

될 수 있는 대로 나는 사람을 만나지 않고, 글 쓰는 일 이외에는 가급적으로 다른 일을 하지 않았었다. 신문과 잡지에 이름 나오는 게 싫어서 머리카락이 보일세라 꼭꼭 숨는 술래잡기 놀이를 해왔었다. 말하는 것도 싫어서 화난 사람처럼 입에 자물쇠를 잠그고 살아왔었다. 집에서 늦잠이나 자고 혼자서 목욕하고 혼자서 산에 가고 혼자서 영화 보고 혼자서 도둑고양이처럼 숨어 지냈었다.

지난 해는 그것이 최고조에 이르렀었다. 내 나름대로 안식년이라고 정하고 연초에 수도원으로 들어가 한 달간 피정을 하는 것으로 시작했었는데 그만 덜컥 교통 사고가 나서 본의 아니게 석 달 동안 집에서 누워 지내다 보니 이건 완전히 식물 인간이었다. 허리가 고장났으니 걸을 수도 없고, 나다닐 수도 없으니 산 송장처럼 누워서 지냈었다. 남들은 오히려 깊은 묵상을 할 수 있는 절호의 기회가 왔다고 위로하였지만 막상 본인에게는 그게 아니었다.

　움직이지 않으니 건강도 나빠지고, 생기를 잃어갔다. 당뇨도 악화되고(원래 심각한 상태는 아니었지만) 책을 읽을 의욕도 사라졌다. 내딴에는 무위(無爲)로써 나 자신을 돌이켜볼 수 있는 좋은 기회라고 스스로 마음을 다져먹곤 했었다. 십자가의 성 요한이 말했던 '우리가 자기와의 처절한 싸움을 통해서 완전한 무(無 : NADA)에 이를 수 있을 때 우리의 영혼은 완전한 전(全 : TODO)을 획득할 수 있습니다' 라는 구절이 마음에 들어 오히려 이 기회야말로 나 자신과 싸울 수 있는 좋은 기회라고 애써 위안하곤 했었다.

　그런데 그게 아니었다. 몸이 아프니 마음이 생기를 잃어 몸뿐 아니라 마음도 시들어 갔다. 그렇지 않아도 매해 여름이면 우울증이 생겨서 한 2년간 고생을 했었는데, 한여름에 접어들자 아니나 다를까 그 반갑지 않은 손님이 나타난 것이었다. 우울증이란 게 참 묘한 것이다. 이것이 일기예보처럼 한순간 궂은 날씨에 불과한 것이라는 것을 분명히 알면서도 이 도둑이 나날의 일상에서 생기를 빼앗아 가는 것이다.

　의사가 허리에 무리가 가니 운전을 하지 말라고 엄명을 내렸는데도 나는 한밤중에 차를 타고 밤새도록 고속도로를 달려서 전라도로 경상도로 야간 운전을 나가곤 했었다. 나 혼자 차를 몰고 목적도 뚜렷하지 않게 고속도로를 달릴 때는 삭막해서, 운전대를 부여잡고 큰소리로 '하느님, 좀 봐주세요, 봐

주세요' 하고 고래고래 소리를 지르기도 했었고, 솔직히 혼자서 목이 터져라고 엉엉 소리내어 울기도 했었다. 그런 후 돌아올 때는 으레 한밤중이었는데, 시속 150킬로미터에 가까우리 만치 빠른 속도로 야간 운전을 하고 나면 며칠간은 마음이 좀 가라앉기도 했었다. 그러나 그것도 며칠간의 임시 처방에 불과했었다.

　지난 해 여름, 백두산 탐방에 따라나선 것은 나로서는 일종의 배수진이었다. 허리의 통증은 가시지 않았지만 더 이상 누워 지낼 수만은 없다고 생각했다. 죽기 아니면 까무러치기로 여행이라기보다는 무슨 탐험과 같은 백두산 탐방에 따라나섰던 것은 내게 있어 하나의 모험이었던 것이었다.

　백두산을 오르고 난 후 다시 장백폭포를 구경하러 가는 일행과 떨어져 나는 거품처럼 흰 백하(白河)의 강물 속에 들어가서 목욕을 했었다. 남들의 눈을 피해서 심장이 얼어붙을 것 같은 강물에 몸을 담그고 험준한 바위산이 병풍처럼 둘러쳐진 민족의 성산 백두산을 바라보면서 나는 어린애처럼 소망했었다.

　"백두산이여, 내게 힘을 주십시오."

　흰 거품의 강물 속에 몸을 담그면서 나는 순간 번뜩이는 영감 같은 것을 느꼈다. 도대체 넌 지금 뭘 하고 있는 것인가. 마치 도를 닦으려고 앉아만 있는 마조(馬祖)처럼.

　일찍이 마조가 앉아서 좌선만 하고 있음을 본 회양(懷讓)

인생의 일기예보

은 앉아 있는 제자 곁에서 기왓장을 갈기 시작한다. 화가 난 마조가 스승에게 물었다.
"도대체 기왓장을 갈아서 무엇을 할 것입니까?"
이에 스승은 대답한다.
"기왓장을 갈아서 거울을 만들까 하네."
이에 마조가 빈정거린다.
"그렇다고 기왓장이 거울이 되겠습니까?"
이 말이 떨어지자 무섭게 스승이 소리쳐 말하였다.
"기왓장이 거울이 될 수 없듯이 좌선으로는 부처가 될 수 없다."
"그러면 어떻게 해야 합니까?"
제자의 질문에 스승은 대답한다.
"소가 수레를 끌고 가는데 만약 수레가 앞으로 나아가지 않는다면 그때는 수레를 다그쳐야 하겠는가, 아니면 소를 다그쳐야 하겠는가."
그리고 나서 스승은 다시 말을 덧붙인다.
"그대가 지금 좌선을 익히고 있는 것인지 좌불을 익히고 있는 것인지 도대체 알 수 없군. 혹시 좌선을 익히고 있는 중이라면 선이란 결코 앉아 있는 것이 아니며 좌불을 익히고 있는 중이라면 부처는 원래 정해진 모양이 없다는 것을 명심하게."
스승 회양의 그 대갈 일성(大喝一聲) 하나가 물 속에 들어 있는 내 머리 속에 화살이 되어 내리꽂혔다. 아, 그렇다. 나야말로 웃기는 녀석이로군. 앉아서 도대체 무엇을 하겠단 말인가. 문을 걸어 잠그고 누워서 도대체 무엇을 하겠단 말인가. 나는 갑자기 하나의 깨달음을 얻은 느낌이었다.

그래, 맞았어! 난 이제 명랑한 어릿광대가 되어야겠다. 엄숙한 수도자보다는 까부는 어릿광대가 되어야지. 출문석비(出門錫飛). 내가 좋아하는 경허(鏡虛)스님도 말년에 이르러 '문 밖으로 나와서 지팡이를 휘저어 본다'는 시를 썼었다. 그리고는 그대로 절문을 나와 부처고 뭐고, 중이고 뭐고, 이름이고 뭐고 다 버리고 삼수갑산으로 들어가 학동들을 가르치는 훈장 노릇을 하면서 생을 마감했었거니와 자, 이제 나도 나서자. 문 밖으로 나서자. 다시 옛날의 명랑한 어릿광대가 되어야지.

그날 이후 난 코미디언이 되었다. 나와 함께 여행을 떠난 30여 명의 팀은 나 때문에 참 많이도 웃었을 것이다.

시인 김동환은 이렇게 노래했었다.

지름길 묻길래 대답했지요.
물 한 모금 달라기에 샘물 떠주고
그러고는 인사하기에 웃고 받았지요.
평양성에 해 안 뜬데도
난 모르오.
웃은 죄밖에.

김동환의 이 아름다운 시처럼 샘물가에서 한 남자가 물 한 잔 떠달래서 샘물 떠주고 서로 몇 마디 나누고 웃었다고 해서 그것이 처녀에게 무슨 죄일 수가 있겠는가. 웃음에 도대체 무슨 죄가 있을 것인가. 침묵이 어려운 것은 아니다. 침묵보다 말을 하되 하지 말아야 할 말을 하지 않는 것이 더 어려울 것이 아닌가. 문을 걸어 잠그고 깊은 산 속에 숨어 있는 것보다 사람들 속에서 함께 어울리되 물들지 않음이 더 어려운 일일 것이다. 깊은 산 속에 있으면서도 그의 마음이 번잡하다면 그는 비록 산 속에 있으나 실은 장터에 나와 앉아 있는 것과 무엇이 다를 수 있겠는가.

백두산의 천지에서 흘러내린 물 백하에서 거품으로 침례(浸禮)의 목욕을 하고 난 이후 난 요즈음 수다스럽고 명랑한 어릿광대가 되었다. 올해는 아마도 오랜만에 한 시간씩 여섯 편에 걸쳐 방영되는 텔레비전 다큐멘터리 프로그램을 만들기 위해서, 중국을 서너 개월 여행하고 모처럼 많은 일을 할 것 같다.

이제 내 인생은 썰물에서 서서히 밀물로 접어들고 있는 것처럼 느껴진다. 놀라운 것은 중국 여행 이후 거의 6개월 가량 동안에 당뇨병이 씻은 듯이 나았다는 사실이다. 병을 위해서 약을 먹거나 무슨 이상한 음식을 먹거나 식이요법을 하는 것도 아니다. 음식을 계속 주의는 하지만 단 것도 먹고 배고플 때 포식도 한다. 그런데도 계속 정상이다. 이처럼 불치의 병이 씻은 듯이 나아서 아직까지 정상을 보이는 그 이유를 알 수 없지만, 내 생각엔 아마도 마음에서 비롯된 것이 아닌가 싶다.

어쨌든 이제 밀물이 시작되었으니 만조가 될 때까지 계속 밀고 들어갈 것이다. 그리하여 이왕이면 이번의 밀물이 조수가 가장 높이 들어오는 한사리 때가 되었으면 좋겠다고 나는 생각하고 있다.

호반의 벤치

오래 전에 들은 내용이어서 정확치는 않지만 슈만인가, 멘델스존인가 하는 음악가의 아버지 이야기다. 그는 날 때부터 등이 굽은 꼽추였다. 어릴 때부터 이러한 신체적 특징으로 사람들로부터 놀림을 당해 왔던 그는 청년이 된 어느 날 한 여인을 본 순간, 저 여인이야말로 내 영혼의 반려자라고 생각하게 되었다. 눈부시게 아름다우면서도 귀족의 집안인 그 여인에게 사랑의 고백은 터무니없는 것이었다. 그러나 그는 용기있게 나서서 그 여인에게 사랑을 고백하였다. 이 여인이 등이 굽은 꼽추의 고백을 그대로 받아들였을 리는 만무한 일이었다.

마침내 그는 마지막으로 여인을 만나서 다음과 같이 고백을 하였다.

작은 마음의 눈으로 사랑하라

"당신과 나는 하늘 나라에서부터 인연을 갖고 함께 지냈습니다. 그러다가 당신과 나는 함께 이 지상에서 태어나게 되었습니다. 태어날 무렵 당신은 하늘 나라에서 저지른 죄로 꼽추의 운명을 타고나게 되었습니다. 그때 나는 이 세상에서 내가 가장 사랑하고 나와 함께 살아갈 운명인 당신이 불구의 몸으로 태어나게 될 것이라는 것이 너무 슬퍼서 차라리 당신 대신 내가 그 불구의 몸을 대신해서 받겠다고 청원하였습니다. 내가 등이 굽게 된 것은 당신을 위해서였습니다. 내 사랑을 받아 주십시오."

이 말을 들은 여인은 그 사람의 사랑을 받아들이게 되었으며 두 사람 사이에서 마침내 위대한 음악가가 탄생하게 된 것이다.

기독교에서는 하느님이 인류의 시조인 아담을 창조하신 후 '아담이 혼자 있으니 그의 짝을 만들어 주겠다'고 생각하고 어느 날 깊이 잠든 아담의 갈비뼈를 뽑아 여자를 만들어 두 사람이 한 몸을 이루게 했다고 말하고 있다. 성서적 해석뿐 아니라 옛 그리스에서는 남자와 여자를 이렇게 해석하고 있다. 그리스의 철인이었던 플라톤은 〈향연〉이라는 작품 속에서 다음과 같이 말하고 있다.

'원래 사람은 남자와 여자가 합쳐진 하나의 몸이었다. 그런데 그 합쳐진 몸은 무서운 힘을 갖고 있었기 때문에 가끔 신들을 공격하곤 하였다. 이에 제우스는 인간을 그대로 생존케

하면서도 그 힘을 약하게 하기 위해서 사람을 두 동강이로 쪼개었다. 그래서 본래의 몸이 갈라진 후부터 반쪽은 각각 떨어져 나간 다른 반쪽을 그리워하고 다시 한 몸이 되려는 열망을 갖고 있다.'

플라톤은 이러한 열정을 '사랑' 혹은 '에로스'라고 명명했던 것이다.

그것이 상징적인 비유이든, 진실이든 이처럼 종교적으로도, 신화적으로도 남자와 여자는 반쪽이며 결국 둘이 짝을 이뤄 하나가 되었을 때 비로소 온전한 하나가 될 수 있다는 것이다.

꼽추의 신체적 결함은 사랑을 고백한 청년의 말처럼 상대방의 불완전한 결함을 대신 자신이 짊어졌던 운명이었을 것이며 불완전한 것들이 합쳐서 완전을 이루고, 너와 내가 합쳐져서 하나를 이루는 것을 의미하는 말일 것이다.

내 님은 누구일까, 어디 계실까.
무엇을 하는 님일까, 만나보고 싶네.
그림을 그리실까, 노래를 부르실까.
동그란 얼굴일까, 갸름한 얼굴일까.
호반의 벤치로 가봐야겠네.

이 노래는 내가 초등학교 시절에 유행했던 노래의 가사이다. 흔한 유행가 가사 같지만 뜯어보면 뜯어볼수록 묘미가 있는 가사가 아닐 수가 없다. 사람은 소수의 예외를 제외하고 태어나서 얼마간은 아버지와 어머니의 보호를 받으며 살아간다. 그러다가 청년이나 처녀가 돼서 성인이 되면 각자 자기의 짝을 찾아 결혼을 하고 또다시 하나의 가족을 이룬 후 자기가 한때 어린아이였던 것처럼 다시 아이를 낳고 살다가 죽어가는 것이다. 이것이 인생인 것이다.

이 노래가 유행할 무렵에 나는 초등학교 학생이었다. 비록 열 살이 갓넘은 초등학교 학생이었지만 미래에 만날 내 님에 대한 호기심은 대단한 것이었다. 미래에 만날 자기의 님에 대한 호기심은 비단 나뿐만이 아니라 태어난 인간이면 누구나 가지고 있는 근원적인 열망일 것이다.

그 님은 나의 이브이며 플라톤이 말한 떨어져 나간 반쪽에 대한 그리움 즉 에로스가 아닐 것인가.

그 님이 누구일까. 무엇을 하는 사람일까, 동그란 얼굴일까, 그림을 그리는 사람일까, 그 님을 만나 보기 위해서 찾아갈 호반의 벤치는 어디인가. 잠깐만이라도 그 환상의 벤치로 살짝 찾아가서 내 님의 모습을 훔쳐보고 돌아올 수만 있다면 얼마나 좋을 것인가. 그런 소망은 나만이 가진 것은 아니었다. 거의 모든 소년들이 그런 호기심을 갖고 있었다. 우리 중의 누군가가 말하였다.

한밤중 열두 시에 거울을 들고 가서 화장실에 앉아서 '거울아 거울아, 장차 내가 만날 내 색시의 얼굴을 잠깐 보여주렴' 하고 주문을 외우면 거울 속에서 미래에 자신이 만날 님의 얼굴이 잠깐 떠오른다는 것이었다. 마치 백설공주를 죽인 마녀가 '거울아 거울아, 이 세상에서 누가 제일 예쁘냐'고 물으면 거울이 대답하듯이 한밤중의 거울은 그 미래에 만날 내 짝에 대한 얼굴을 보여준다는 것이었다.

실제로 나는 거울을 들고 화장실에 가 보았었다. 내 어릴 적 화장실은 대부분 집 밖에 있기 때문에 변소를 간다는 것은 무섭기 짝이 없는 일이었다. 그래서 변소에 갈 때면 형이나 누나들을 깨워 앞세우고 용변이 끝날 때까지 보초를 세우는 것이 보통이었는데, 얼마나 호기심이 있었으면 그런 공포를 무릅쓰고 거울을 들고 화장실에 홀로 가서 밤 열두 시에 거울을 들여다보았을까.

그때 거울 속에 실제로 지금의 아내 얼굴이 떠올랐는지 어땠는지는 기억나지 않는다. 아마도 거울에 떠오른 것은 아내의 얼굴이 아니라, 내 자신의 얼굴이었을 것이고 그 얼굴이 내 얼굴인가 아닌가 알아보기도 전에 겁이 나서 나는 혼비백산해서 후다닥 화장실을 뛰쳐나왔을 것이다.

일 년 전쯤, 나는 차를 타고 가다가 라디오에서 한 여인의 말을 들은 적이 있다. 드라마에 자주 나오지는 않지만 사회도 보고 제법 알려진 J라는 탤런트가 나와서 어떤 진행자와 대담하는 프로였는데 그 여인의 말이 내 가슴에 큰 반향을 일으

켰었다.

　독실한 기독교 신자인 그 탤런트는 아직 결혼을 하지 않은 미혼인데 그 여인은 장차 만나게 될 자신의 님, 즉 자신의 남편을 위해서 매일같이 기도를 하고 있다는 것이었다.
　자신의 님이 비록 누구인지, 무엇을 하는 사람인지 어떻게 생겼는지는 모르지만 이 세상 어딘가에 숨어 있는 그 님이 지금 이 순간 건강한 육체와 올바른 정신을 지니고 밝은 빛 속에서 타락되지 않고, 고결한 인격을 지니고 살아가도록 그 소망을 하느님께 기도하고 있다는 말이었다.
　또한 그 여인은 말했었다.
　또 한 가지 기도는 앞으로 만날 수많은 남자 중에서 하느님이 주는 짝이 누구인지 그것을 분명히 분별하는 능력을 주셔서 그 사람을 만나는 순간 아, 이 사람이구나 하고 알아볼 수 있도록 올바른 지혜를 달라는 기도를 끊임없이 바치고 있다는 말이었다.
　그 여인의 말은 내게 깊은 울림으로 다가와서 일 년이 지난 요즘에도 쉽게 마음 속에서 사라지지 않고 있다.
　지난 해, 아내와 나는 결혼한 지 25주년을 맞이해서 은혼식을 치루었다. 숱한 곡절이 있었지만 나는 내 아내야말로 하느님께서 내 갈빗대에서 뽑아 만든 이브이며, 플라톤의 표현처럼 원래 함께 붙어 있던 반쪽의 나였음을 절실하게 깨닫고 있다. 간혹 아내의 앨범에서 아내가 리본을 맨 꼬마의 모습으로 활짝 웃으면서 미끄럼틀을 내려오는 사진을 볼 때가 있다. 그 사진을 찍었을 때 아내는 열 살 정도의 어린 소녀였을 것이다. 아내가 그 사진을 찍었을 때 동갑내기의 나는 어디에서 무엇을 하고 있었을까. 비록 그 J라는 탤런트처럼 아내를 위해 기도를 올리거나, 만나는 순간 아내가 내 짝임을 알아보게 해달라고 소망하지는 않았다고 하더라도 우리는 신성하고 거룩한 호반의 벤치에서 서로 만나 한 몸을 이루게 된 것이다.

나는 오늘을 사는 젊은이들이 모두 J라는 여인처럼 자신이 만날 미래의 운명적인 상대방에 대해서 끊임없는 기도를 올리고 소망을 가져주었으면 한다. 무엇인가를 소망하는 사람은 절망하지 않는다. 무엇인가를 믿고 바라고 의지하는 사람은 희망을 품고 있는 사람이다. 우리들 가슴 속에 뛰는 심장이 있는 것처럼 가슴 속에 희망을 품고 있는 사람은 가슴 속에 뜨거운 사랑을 품고 있는 사람인 것이다.

미래에 대한 희망, 보이지 않는 존재에 대한 사랑을 가진 사람은 날아가는 시간의 화살을 보지 않고 그 화살이 날아가는 영원을 의식한다. 찰나에 머무르지 않고 영원을 응시할 때, 나에게 있어 너는 너가 아니라 또 하나의 '나'가 되어 마침내 두 사람이 한 몸을 이루게 될 것이다.

팔짱을 낍시다

한 달 전쯤 텔레비전에서 즐겨 보는 주말 드라마를 보다가 평범한 한 장면에서 갑자기 시선이 멎는 것을 나는 느꼈다. 남자 주인공과 여자 주인공이 함께 길을 걷다가 여자 주인공이 슬며시 남자의 어깨에 기대더니 남자의 팔에 팔짱을 끼는 장면이었다. 지극히 평범한 장면이었지만 나는 순간 두근거리는 심장의 박동을 느낄 수 있었다.

팔짱을 낀다. 여자가 남자의 팔에 팔짱을 낀다. 여자가 남자의 팔에 팔짱을 낀다는 것은 남녀가 서로 키스를 하거나 포옹을 하거나, 애무를 하거나 심지어 섹스를 하는 것만큼 농도 짙은 접촉은 아니지만 단순한 일도 아닌 것이다. 비록 남자의 팔에 여자가 살며시 팔을 끼워넣는 행위는 가벼워 보이지만 서로 사랑하는 애인 사이에서만 가능한 일일 것이다.

사람들에게는 타인의 침입을 절대로 용납하지 못하는 '방어 거리'가 있다는 말을 들은 적이 있다. 정확히 기억하지는 못하지만 모든 사람에게는 1미터 정도 이내로는 타인이 범접하지 못하도록 하는 경계 거리가 있다는 것이었다. 사람들은 서로 반가우면 손을 내밀어 악수를 하는데, 그 악수하는 거리 이내로 타인이 허락없이 침범해 들어오면 사람들은 본능적으로 공포를 느끼고 두려움을 느껴서 방어 태세를 취한다는 것이다.

이 '방어 거리'가 사라지고 언제나 상대방의 허락없이 그 방어 거리 이내로 무단 침입할 수 있는 것은 서로 포옹하고 팔짱을 끼는 행위이며, 그러한 보디 터치(body touch)가 허용되는 것은 그만큼 서로 신뢰하고 믿는다는 표시고, 그러한 신뢰의 마음이 바로 사랑의 출발이 되고 있다는 것이다.

모든 동물은 항상 적으로부터의 공격을 경계하며 살아가고 있다. 인간도 예외는 아니어서 항상 외부적인 공격과 위험에 대해 본능적인 긴장을 유지하고 있다. 동물에 있어 사랑하는 행위는 적으로부터의 공격에 가장 위험한 취약 상태를 의미하고 있다.

인간도 마찬가지여서 사랑하는 사람과의 육체적 행위는 일종의 무장 해제와 같은 의미를 지니고 있는 것이다. 사랑하는 사람과 키스를 할 때 허리에 권총을 차고 눈을 뜨고 주위를 살펴보는 사람은 없다. 또한 사랑하는 사람과 포옹을 할 때

손에 칼을 들고 사방을 경계하는 사람은 없을 것이다.
 팔짱은 아주 작은 신체적인 접촉이지만 육체적인 행위보다 더 대담한 의미를 갖고 있다. 사랑하는 사람끼리 옷을 벗고 섹스를 하는 행위는 남의 눈을 피해 은밀히 하는 비밀 행위이지만, 팔짱을 끼는 행위는 만천하의 수많은 사람들에게 내보이는 공개적인 구애 행위이며 두 사람의 사랑을 선포하는 독립 선언이라고 할 수 있는 것이다.
 팔짱을 끼는 사이가 되면 여인은 자기의 발걸음을 자연 남자의 속도에 맞추게 되며, 남자 또한 자기의 빠른 걸음을 여인의 발걸음에 맞추게 되어 두 사람의 걸음걸이는 자연적으로 이인삼각의 조화를 이루게 된다. 여자의 체중은 자연스럽게 남자의 체중에 의지하게 된다. 마치 정육점에서 한 근의 고기가 무게를 달기 위해 저울 위에 얹혀지듯, 자연 두 사람의 거리는 가까워지게 되며 두 얼굴이 서로 가까워져 서로의 호흡과 체취를 느끼게 될 것이며, 머리카락도 서로의 얼굴에 자연스럽게 부딪치게 될 것이다.
 주머니는 서로의 공동 소유가 되어 군밤을 한주머니 속에 넣고 서로 꺼내 먹거나 땅콩도 서로 나눠먹게 될 것이다. 상대방의 호주머니 속에 자유로이 손이 드나들 수 있다는 것은 상대방의 돈은 모두 내 것이며 내 돈 또한 상대방의 소유라는 공동의 소유 개념이 생긴 것이며, 이미 두 사람에게 있어 서로 숨겨야 할 비밀이 없다는 표시인 것이다. 팔짱을 끼는 사이라면 여자가 화장실에 들어갔을 때 화장실 앞에서 남자가 여자의 핸드백을 들고 서서 기다리고 있는 관계가 되었음을 증명하고 있는 것이다.

아내와 내가 젊었을 때, 어느 날 아내는 슬며시 내 어깨에 팔짱을 끼어 왔었다. 언제부터였는지 정확히 기억되지는 않지만 아내가 내게 팔짱을 끼어온 날부터 나는 아내가 비로소 나 하나만을 하늘처럼 의지하는 '내 여자'라는 사실을 실감할 수 있었다.

팔짱을 끼고 걷던 날부터 우리는 서로 다정한 젊은 연인이라는 느낌을 가질 수 있었다. 팔짱을 끼고 다닐 때부터 나는 한 여인을 거느린 남자로서 이 여자를 책임질 수밖에 없다는 절실한 책임감을 느낄 수 있었으며, 함께 팔짱을 끼고 걷는 길거리가 그렇게 아름다울 수가 없었다.

팔짱을 끼고 다닐 때부터 아내는 화장실을 갈 때 굳이 전화를 걸러 간다는 거짓말을 하지 않았으며 팔짱을 끼고 난 뒤부터 아내는 내 앞에서 자장면을 곱배기로 시켜먹곤 하였다. 식사를 하고 나서도 내가 보는 앞에서 지워진 입술에 루즈를 새로 칠하는 모습을 보여주기 시작하였다.

팔짱을 끼고 걷던 날부터 아내는 편지에 나를 '사랑하는 그대'라는 달콤한 대명사로 부르기 시작했으며, 나 또한 편지에 '내 사랑 그대'라는 호칭을 사용하기 시작하였다. 팔짱을 낀 이후부터 나는 아내를 보면 성욕이 느껴지곤 하였으며, 팔짱을 끼고 다닌 이후부터 극장에 가서 영화를 볼 때면 아내는 자신의 얼굴을 내 어깨에 얹어놓곤 하였었다. 또한 어둠을 틈 타서 나는 아내의 목을 어루만지며 숨가쁜 도둑 입맞춤을 하기도 하였다.

팔짱은 두 아이를 낳을 때까지 계속 이어졌던 것으로 기억된다. 큰아이가 초등학교를 졸업할 때까지 이어졌던 것으로 기억되는데, 어느 날부턴가 나에게서 아내의 팔이 슬며시 떨어져 나갔다. 아이들이 크고 나서는 팔짱을 끼었던 아내의 팔이 저만큼 떨어져 '가까이 하기엔 너무 먼 당신'이 되고 말았다.

끼었던 팔짱이 벗겨지고 떨어져 나가고 멀어질 때까지 아내도 나도 그 사실을 까마득히 모르고 있었던 것이다. 팔짱의 빗장이 벗겨지자 우리 부부는 함께 길을 걸어도 서로 일정한 거리를 유지하고 나란히 걷는, 연인 사이에서 동무의 사이로 변해버린 것이었다.

그러던 어느 날, 주말 텔레비전 드라마를 보다가 나는 문득 내게서 마치 도마뱀의 꼬리처럼 떨어져 나가버린 아내의 팔짱에 대한 그리움이 불이 붙듯 되살아나는 것을 느낀 것이었다.

아아, 나는 그 그리웠던 젊은날에 우리들이 함께 하였던 팔짱에 대한 향수가 되살아나는 것을 느꼈다. 그래서 함께 성당을 가던 일요일 아침, 나는 아내에게 조심스럽게 말하였다.

팔짱을 낍시다

"우리 다시 팔짱을 낍시다."

느닷없는 내 말 한 마디에 아내는 놀란 눈으로 나를 쳐다보았다.

"난 당신이 옛날처럼 내 어깨에 기대어 팔짱을 끼었으면 하는데……."

그러자 아내는 마치 징그러운 벌레를 보듯 진저리를 치면서 말하였다.

"엣끼, 여보슈. 팔짱은 젊은 사람들이나 끼는 거예요."

"어때서, 우리들이 어때서."

"우리들 같은 중늙은이들이 팔짱을 끼고 다니면 남들이 흉봐요. 남들이 웃는다구요. 보세요, 팔짱을 끼고 다니는 중늙은이들이 있는가……."

아내는 사람들이 들끓고 있는 성당의 앞마당을 가리키면서 말하였다. 나는 아내가 가리킨 그곳을 바라보았다. 마침 미사 시간이 되어서 수많은 사람들이 모여 있었지만 아내의 말대로 팔짱을 끼고 있는 중년의 부부들은 단 한 쌍도 발견할 수 없었다.

"난 팔짱을 끼고 싶소. 낍시다."

내가 옛날처럼 오른쪽 어깨를 동그랗게 벌리자 아내는 내 어깨를 소리가 나도록 때리면서 말했다.

"미쳤나 봐. 이 할아버지가."

난 안다. 아내가 내게 팔짱을 끼지 않는 것은 우리가 나이든 중늙은이여서가 아니라, 그래서 남들이 흉볼까 두려워서 가 아니라, 우리 기쁜 젊은날처럼 나에 대한 사랑의 열정이 전만큼 뜨겁게 타오르고 있지 못하기 때문임을.

몇 년 전 본 한 장의 사진이 기억난다. 영국으로 떠난 은퇴한 정치가 김대중 씨가 그의 아내와 외국 여행중에 서로 팔짱을 끼고 찍은, 여성지에 실린 한 장의 사진이었다. 그 사진 속에서 김대중 씨는 대통령 선거 전의 유세 때와는 전혀 다른 새신랑의 얼굴로, 당당하게 팔짱을 낀 아내와 달콤한 표정으로 나란히 서 있었다.

두 사람의 팔짱을 낀 모습이 그렇게 보기 좋을 수가 없었다. 나는 안다. 환갑이 넘고 칠십이 다 된 노정객 김대중 씨가 아내로부터 그렇게 다정하게 팔짱을 끼고 싶은 마음이 들 만큼 대접을 받는 것은, 그가 가정에 있어서 훌륭한 남편이며 아이들에게 있어 존경받는 아버지임을 여실히 드러내 보이는 명백한 증거인 것이다.

나는 아내의 팔짱을 다시 받고 싶다. 아내에게서 팔짱의 대접을 받고 싶다. 강제가 아닌, 마음에서 우러나온 넘쳐 흐르는 사랑의 표시로. 그리하여 우리 부부가 할아버지 할머니가 되어서도 팔짱을 끼고 다니는 그런 다정한 애인 사이가 되고 싶다.

아니다. 할아버지가 될수록 더욱 팔짱을 끼어야만 한다. 왜냐하면 두 사람이 나이가 들어 함께 늙어간다는 것은 결국

팔짱을 낍시다

두 몸의 두 사람이 한 몸의 한 사람으로 되어간다는 의미이므로.

  나는 안다. 언젠가는 아내가 내 어깨에 다시 슬며시 팔짱을 끼게 될 것임을. 마치 손가락에 결혼 반지를 슬며시 끼워넣듯이. 그 날 나는 새신랑으로 다시 태어나게 될 것이다.

인생의 장미꽃 한 송이

요즈음 나는 가능하면 TV를 보지 않으려 한다. 그러나 무의식적으로 TV의 스위치를 올리고, 손은 채널을 돌리기 위해서 바쁘게 움직이고 있다. 새삼 TV의 해독에 대해서 이러쿵저러쿵 이야기하고 싶은 것은 아니지만 도대체 드라마가 왜 그렇게 많은지 여길 보아도 드라마요, 저길 보아도 드라마다.

그 중에서도 매주 한 번 방영되는 프로그램 한 편은 빼놓지 않고 보려고 노력하고 있다. 그 프로그램의 이름은 〈TV는 사랑을 싣고〉라는 프로그램이다. 전에 듣기로는 일본에서 인기 있던 프로그램을 모방해서 만든 것이라고 하는데, 내용이 좋으면 일본이면 어떻고 미국에서 모방하면 어떠하겠는가. 어쨌든 〈TV는 사랑을 싣고〉란 프로그램은 요즈음 내가 가장 좋아하는 프로그램 중의 하나인 것이다.

이미 그 프로그램을 본 시청자들은 잘 알고 있겠지만 매주 한두 사람씩 나와서 자신들의 인생에서 잊을 수 없는 사람들을 찾아 스튜디오에서 만나는 내용인 것이다.

찾는 사람들은 잊을 수 없는 선생님, 초등학교 때의 짝꿍들, 어릴 때 우정을 나눴던 친구들이 대부분인 것이다. 그런 것을 보면 사람에게 있어 어릴 때의 기억은 가장 순수하고 소중한 보물 창고와 같은 것이 아닐까. 아무리 유명하고 명예가 있는 사람이라고 할지라도 가난하고 남루하였던 어릴 때의 기억만큼은 절대로 잊혀지지 않는 것 같다.

미국의 유명한 언론 재벌 허스트를 모델로 하였던 영화가 하나 있다. 천재 오손 웰즈가 주연·감독하였던 〈시민 케인〉이란 영화는 신문 재벌 허스트가 죽을 때 중얼거렸던 '로즈 버드'란 수수께끼의 말을 추적하는 것으로부터 시작된다.

고독한 소년기를 보냈던 이 사람은 훗날 미국 사상 가장 강력한 신문들을 창간함으로써 언론 왕국을 이뤄 명성과 부를 한꺼번에 거머쥐게 된다. 그런데도 불구하고 아내로부터 버림을 받고 여전히 고아로 자란 어린 시절처럼 고독한 사생활을 보낼 수밖에 없었던 이 언론 황제의 입에서 죽음을 앞두고 흘러나온 '로즈 버드'란 말 한 마디는 도대체 무엇을 의미하는가.

영화의 마지막 클라이맥스는 이 수수께끼의 단어가 그가

작은 마음의 눈으로 사랑하라

어린 시절 타고 놀던 썰매에 새겨진 글자였다는 사실을 보여주고, 그 썰매가 불타는 모습을 보여줌으로써 성공을 통해 온갖 명예와 부를 쟁취하였던 사람이라고 할지라도 그가 진정으로 갖고 싶었던 것은 가장 순수했던 소년기의 동심이었다는 사실을 극명하게 나타내 보여주고 있는 것이다.

로즈 버드. 장미꽃 봉오리. 시민 케인이 평생을 통해 추구하였던 동심의 장미꽃처럼 사람에게는 누구나 자기만의 숨겨진 장미꽃 봉오리가 있는 것일까.

나는 매주 이 한편의 프로그램을 보면서 이삼십 년의 시간과 공간을 뛰어넘어 타임머신을 타고 가장 순수했던 동심의 세계로 돌아가려는 사람들의 내면에 숨겨진 천진(天眞)을 보면서 깊은 감동을 받고 한다. 그러면서 만일 내가 저런 프로그램에 나와달라는 섭외를 받으면 과연 누구를 찾아달라고 부탁할 것인가를 자주 생각해 보곤 한다. 다혜도 TV를 함께 보면서 이런 말을 혼잣말로 중얼거리곤 한다.

"내가 저 프로그램에 나가면 도대체 누굴 만나고 싶다고 하지."

시청자들은 누구나 그 프로그램을 보면 자기 입장에 비추어서 잊을 수 없는 사람 하나쯤은 떠올릴 것이다. 그럴 때마다 나는 한 사람의 얼굴을 떠올린다.

50여 년 살아오면서 고마운 사람들, 신세진 사람들은 마치 셀 수 없는 밤하늘의 별만큼 많이 있지만 만나고 싶은 사람,

만나서 그분 앞에 무릎을 꿇고 진심으로 감사를 드릴 사람은 오직 한 분 뿐인 것이다. 나는 그분의 존함을 여기에 쓴다.

이·종·윤. 내 초등학교 4학년 때의 담임 선생님인 것이다. 언젠가 한번 〈가족〉에도 그분에 대해서 간단하게 쓴 적이 있지만 나이가 들어갈수록 이 선생님의 기억은 이상하게도 점점 새로워진다.

나는 그때 덕수초등학교에 다니고 있었다. 지금은 모르겠지만 덕수초등학교는 당시에 일류 초등학교였으므로 치맛바람이 몹시 드센 학교였다. 엄마들이 교실 뒤에 진을 치고 앉아서 뜨개질을 할 정도로 극성스러웠는데 이종윤 선생님은 초등학교 4학년 때의 담임 선생님이였다. 마악 4학년으로 올라갈 무렵 아버지가 돌아가셨으므로 나는 몹시 의기소침해 있었는데 새로 맞은 담임 선생님은 깡마른 몸매에 염색한 군복을 입은 볼품없는 분이였다. 그래서 별명이 '며루치'였다. 날마다 점심 시간이면 교탁에 앉으셔서 도시락을 드셨는데 도시락의 반찬도 별명처럼 멸치였다.

당시 난 선생님에게 귀여움을 받을 아무런 자격이 없는 소년이었다. 변호사였던 아버지는 돌아가셨고, 할머니 같은 엄마는 학교에 오면 아이들이 '엄마냐, 할머니냐'고 물어댈 만큼 구식 엄마였다. 다른 아이들처럼 예쁜 엄마를 가진 것도 아니었고, 나 또한 귀여움을 받을 만큼 예쁘지도 못한 소년이었다. 선생님의 집을 찾아가 넥타이를 선물할 만큼의 여유도 없었고, 겨우 남의 눈에 띌 정도라면 공부는 제법 잘하는 아이였을 뿐이었다.

그런데 이종윤 선생님은 누구보다 날 인정해 주셨다. 인정해 주셨을 뿐 아니라 내게 '천재'란 명칭을 붙여 주셨다(이런 글이 나 자신을 미화시키는 글로 오해되지 않길 바란다). 공부를 나보다 잘하는 아이도 분명히 있었지만 선생님은 이제 겨우 열 살 난 아이에게는 어울리지 않는 '천재'란 단어를 자주 친구들 앞에서 사용하셨다. 지금 생각하면 도무지 이해가 가지 않는 일이었다.

언젠가 한 번 수업 시간에 나가서 칠판에 그려진 도형을 내 방식으로 풀자 선생님은 이렇게 말씀하셨다.

"인호는 천재다. 그러나 한 가지 고칠 점이 있다. 그것은 성격이다. 침착해야 한다. 인호는 너무 성질이 급하고 서두른다."

선생님은 내가 질문하면 무엇이든 무시하지 않고 성심껏 설명해 주셨다. 선생님으로부터 인정받은 나는 누구보다 발표력 있는 아이가 되었으며 나는 할 수 있다, 나는 뛰어난 천재다(?)라는 자부심을 갖게 되었다.

마침내 초등학교 4학년을 끝마치고 5학년으로 올라갈 무렵, 성적표를 받는 날이었다. 반에서 일, 이 등을 다투고 있었으므로 나는 마땅히 우등상을 받게 될 것으로 알고 있었다.

그런데 놀랍게도 선생님이 호명하는 우등생 명단에 내 이름이 빠져 있었다. 그때 우등상 다음으로 가량상이라는 것이 있었는데 우등생 표창이 끝난 뒤 가량상을 받을 명단 중에 내 이름이 끼어 있었다. 상을 받으러 나갔을 때 선생님은 내게 이런 말을 하셨다.

"넌 분명히 우등상을 받았어야 했다. 그러나 난 네게 가량상을 준다. 네가 우등상을 받지 못한 것은 네 성격 때문이다. 네 성적은 우등상이지만 네 성격은 우등상이 아니다. 열심히 노력해서 성적도 성격도 함께 우등상을 받는 사람이 되도록 노력하거라."

난 지금도 기억한다. 그날 나는 가량상을 들고 울면서 집까지 뛰어갔었다. 그때 난 선생님을 증오했었다. 그가 내게 우등상을 주지 않는 것은 예쁜 엄마들로부터 뇌물을 먹었기 때문이라고 나는 생각했다. 이 어릴 때의 기억은 내게 깊은 상처를 주었다. 5학년에 올라갔을 때 나는 학교 가는 길에 우연히 선생님을 만난 적이 있다. 그때 선생님은 내게 이렇게 말씀하셨다.

"아직도 내게 억울하냐. 성격을 고쳐라. 듣기로는 5학년에 올라가자 많이 침착해졌다고 하더구나."

나는 그때 속으로 선생님을 비웃었었다.

그 뒤 선생님은 어느 학교의 교감으로 가셨다가 나중에는 교장 선생님까지 되셨다는데, 어디로 가셨는지 나는 모른다. 이제 선생님을 만나게 된다고 하더라도 선생님은 40년 전의 일이니 나를 기억하고 계실 리가 만무하다. 아니 기억하고 계신다고 하더라도 팔십이 넘으셨거나 다 됐을 테니 이미 돌아가셨을지도 모른다.

그러나 지금 생각하면 난 이종윤 선생님이야말로 참스승이었다고 생각한다. 지금 생각하면 내겐 아이였을 때도, 소년이었을 때도, 청년이었을 때도 없었던 것 같다. 난 태어났을 때부터 어른이었던 것 같다. 어른이 아이의 옷을 입고 자라고 어른이 소년의 흉내를 내면서 지난 것 같다. 그것은 불우한 기억이다. 얼핏 보면 친화력이 있고 사교력이 있는 사람처럼 보이지만, 난 근본적으로 세상과 불화의 이방인이다. 그런 내 본질을 선생님은 이미 열 살 때 꿰뚫어 보신 것이 아닐까.

초등학교 4학년에 불과한 어린 내게 굳이 '우등상'이 아닌 '가량상'을 주신 선생님.

아이의 가면을 쓰고, 아이의 옷을 입고, 열 살이라는 제물 탱크 속에 갇혀 있지만 그 속에 숨어 있는 병든 자아를 꿰뚫어보신 선생님. 이제 와서 그분을 찾고 싶거나 찾아가서 만나고 싶지는 않다. 만난다고 무엇을 어떻게 하겠는가. 다만 선생님께서 세상에 살아계시건, 이미 돌아가셔서 안 계시건 선생님이 어린 내게 당부했던 대로 성적은 우등상을 받기 쉽지만 성격은 우등상을 받기 어려우니 열심히 노력해서 성적뿐 아니라 성격도 함께 우등상을 받도록 하라는 그 말씀을 하루하루의 금언처럼 떠올리고 있다는 사실을 전해 드리고 싶을 뿐이다.

 이종윤 머루치 선생님, 선생님은 저의 장미꽃입니다. 유년의 썰매에 새겨진 장미꽃 봉오리입니다. 선생님, 이제 와 생각하면 선생님은 제가 만난 잊을 수 없는 스승입니다. 선생님 정말 고맙습니다.

청계산 오르는 길에

*참*이상한 일이다.

지금 생각해 보면 2, 30대의 젊은날에도 그랬을까 도저히 상상조차 할 수 없는데 요즈음은 어쨌든 우울증 때문에 고통스럽다. 개구리 올챙이 적 모른다고 젊었을 때는 우울증에 대해서 한 번도 심각하게 생각해 본 적도 없고 그런 증상과 나하고는 상관없는 일이라고 막연히 생각해 왔었다. 우울증이나 불안, 고독 같은 낱말들은 성격이 예민하거나 성격적인 결함이 있는 일종의 정신병적 증후군이라고 나는 생각해 왔었다.

그런데 몇 년 전부터 일 년에 몇 차례씩 파도처럼 우울증이 찾아오곤 한다. 특히 한여름철에는 이 증상이 심해져서 연중 행사로 반갑지 않은 손님처럼 다가오곤 한다.

우울증이 다가오면 완전히 딴사람처럼 되어버려 내 마음 하나를 주체하지 못해서 쩔쩔매곤 한다. 사람 만나기가 싫어지고 일에 대한 의욕이 사라진다. 잠이 제대로 오지 않고 침울해지곤 한다. 침울하면 자연 말수가 적어지고 표정이 어두워지는데 이상하게도 이럴 때는 기도도 제대로 되지 않는다. 기도를 열심히 하면 우울증이 사라질 것을 분명히 알고 있으면서도, 기도하고 싶은 마음이 사라져 버린다. 마음은 불 꺼진 난로처럼 싸늘하게 식어 버린다.

제일 큰 피해자들은 물론 가족들이다. 내가 침울한 표정으로 누워 있으면 온 집안에 먹구름이 깔린다. 우울증도 전염되는지 온 집안이 생기를 잃어버린다. 참으로 미안하지만 그렇다고 일부러 명랑한 체 떠벌릴 수도 없고 그러지 않아도 살기 힘든 이 인생살이에서 아내에게, 딸에게, 아들녀석에게 소위 아비라는 존재가 밝은 희망을 주는 존재가 되지 못하고, 어두운 절망감을 전염시키는 바이러스적 병원균이 되어버리는 것 같아 미안해서 견딜 수가 없다.

우울증이 찾아오면 자연 술을 찾게 된다. 나는 위스키와 같은 독주를 좋아하는 편이어서 머리맡에 위스키 병을 놓고 지낸다. 잠잘 때면 서너 잔 마시고서 잠이 들곤 했는데 이것도 버릇이 되는지 술기운이 없으면 쉽게 잠이 들지 못한다. 아이들은 내게 알콜 중독이 된다고 아우성이지만 그 정도로 알콜에 탐닉하는 편은 아니니까 걱정하지 말라고 하면서도 자꾸 술을 의지하게 된다.

아침에 일어나면 하루가 막막하다. 하루하루가 건너지 못할 사막처럼 느껴진다. 가톨릭에서는 이따금 영적 메마름이라고 해서 이런 모래알과 같은 고통의 고독이 찾아오는 것을 인정하고 오히려 이런 메마름을 더 큰 영적 성장의 밑거름이 되는 것이라고 말하고 있지만, 그것은 나처럼 영적으로 유치한 사람들에게는 어울리지 않는 그저 하나의 증상일 뿐인 것이다.

그런데 이 우울증이 올해는 한겨울에 찾아왔다. 전에 없던 일이다. 그래서 연초부터 계속해서 산에 가고 있는 중이다. 내가 찾아가고 있는 산은 청계산이다. 집에서 20분이면 차를 타고 청계산 입구에 도착할 수 있다.

청계산을 오르는 등산 코스는 대충 세 가지로 나뉘어진다. 하나는 제일 높은 매봉을 오르는 코스이고, 다른 하나는 서울시가가 내려다보이는 능선 코스이다. 제일 흔한 코스는 계곡을 따라 오르는 주코스인데 매일매일 그날의 컨디션에 따라 세 가지의 등산 코스를 선택해서 산에 오른다.

기분이 더 우울한 날은 제일 가파르고 높은 매봉 코스를 오른다. 일부러 땀을 많이 흘리고 싶어서 나는 달음박질치듯 뛰어서 산을 오른다. 어느 코스로 가든 최종 목적지는 약수터로 그곳에 가서 약숫물을 한 잔 들이키고 하산하는 것이 내 매일의 일과 중의 하나인 것이다.

청계산 오르는 길에

올해는 무척 추워서 붐비던 등산로에도 사람들이 뜸하다. 날씨가 좋을 때는 온 산이 등산객으로 넘쳐난다. 동네 아줌마들끼리 짝을 지어서 산을 오르는 모습을 보면 참 좋아 보인다. 중년의 아줌마들이 돈을 들여 헬스 클럽을 간다, 수영을 한다, 춤을 춘다, 쇼핑을 한다, 그런 방법으로 일상의 권태를 씻으려 하지 않고 자기네들끼리 짝을 지어서 산에 오르는 모습을 보면 왠지 건강한 정신을 지닌 사람들을 보는 것 같아서 마음이 편안해진다.

산에 오른다고 해서 우울증이 가시는 것은 아니다. 산을 오르면서 나는 내 우울증이 내 욕심에서 비롯되는 하나의 망상일 뿐이라는 불교적 깨달음을 마음에 새기고 또 새긴다. 그러나 우울증이 마음에 따라 일어나는 거짓의 망상임을 깨닫는다 하더라도 그것이 쉽게 사라지는 것은 아니다. 차라리 그것을 도인처럼 '없다(無)'라고 아예 단정하고 모른 체하기보다 그 허무의 실체를 나는 보다 냉정하게 끝까지 바라봐야 한다고 생각한다.

청계산은 해발 400m도 안되는 야산이지만 산은 제법 깊다. 골짜기마다 눈이 덮이고 얼음이 얼어 있어 산 속의 냉기는 귀를 에일 만하다. 어릴 때부터 아무리 추워도 장갑을 끼거나 털모자는 답답해서 쓰지 못하는 성격 그대로 나는 귀가 떨어져나갈 것 같은 강추위에도 북한의 공비들처럼 산을 뛰어오른다.

작은 마음의 눈으로 사랑하라
•

성격이 급해서인지 뒷짐을 지고 천천히 산을 오르지는 못한다. 심장이 터질 것 같은 박동을 느끼기 위해서라도 나는 가파른 길을 죽어라고 뛰듯이 걷는다.

지난 일월 말, 비교적 날씨가 따뜻한 토요일이었다. 주말은 평소 때보다 등산객이 많아 자연 등산로는 사람들로 붐비기 마련인데, 매봉을 올라 정상에서 하산하여 약수터에서 물을 마시고 있는 내 눈에 한 무리의 등산객 모습이 들어왔다.

울긋불긋한 등산복을 차려 입은 남녀 한 무리의 등산객들이었다. 막연히 무슨 등산회에서 회원들끼리 친목 삼아 산행을 나선 모양이라고 생각하고 있었는데 좀 이상한 구석이 있었다. 어딘지 부자연스럽고 행동이 어색하였다. 흥미를 느낀 나는 그들의 행동을 주의 깊게 살펴보았다.

그 순간 나는 그들이 장님들이라는 사실을 곧 알게 되었다. 그들은 대부분 장님들이었다. 그러나 그들이 그렇게 보이지 않은 것은 한결같이 멋진 등산복을 입고 있었기 때문이었다.

우리가 흔히 길거리에서 보는 길잡이를 앞세워 지팡이를 짚고 천천히 걸어가는 그런 남루한 모습의 장님들과는 거리가 멀었다. 그들은 멋진 모자와 멋진 등산복을 차려 입고 있었으며 거침이 없었다. 한 사람은 큰 소리로 야호 하고 소리를 지르기도 하였고, 약수터에서 더듬거림없이 차가운 약숫물을 서로 나눠마시기도 하였다.

나는 그들이 몹시 흥미가 있었다.

청계산 오르는 길에

줄잡아 30여 명은 족히 되어 보이는 장님 등산객들. 그 중에 대여섯 명은 그들을 위해 도와주는 봉사자들처럼 보인다. 그러나 그들은 도대체 무엇을 보기 위해서 저렇게 산행을 하고 있는 것일까. 그들은 저 눈덮인 계곡을 보지 못한다. 그들은 저 나무도 숲도 산정 위에서 펼쳐지는 서울의 원경도 눈으로 바라볼 수 없다.

순간 나는 언젠가 들었던 한 가지 이야기를 떠올렸다.

LA에 살고 있는 K군은 여행객을 안내하는 가이드 역할로 학비를 충당하곤 했었는데, 어느 날 그는 새로운 단체 여행객을 안내하기 위해서 공항으로 나갔다가 깜짝 놀랐다는 것이었다.

비행기에서 내린 손님들이 모두 장님들이었기 때문이었다. 놀란 K군에게 그 여행객의 수장(首長)인 한 사람이 이렇게 말했다는 것이었다.

"절대로 우리를 장님으로 생각하지 말아 주십시오. 우리를 절대로 보통 사람들처럼 있는 그대로 안내해 주십시오."

K군은 버스에 타자마자 여행객들에게 차창 밖으로 펼쳐지는 풍경을 평소처럼 안내할까 말까 망설이다가 에라 모르겠다 벌떡 일어나서 마이크를 들고 방송하기 시작했다는 것이었다.

"오른쪽으로 보이는 저 푸른 바다는 태평양입니다. 왼쪽으로 보이는 저 산은 여러분들이 잘 아시는 헐리우드입니다. 언

작은 마음의 눈으로 사랑하라

덕 위에 쓰여진 영자 간판이 보이시죠. 헐리우드, 그렇습니다. 저곳은 그 유명한 영화들이 만들어지고 있는 영화의 본고장인 것입니다."

그러자 장님들은 K군의 안내대로 차창의 오른쪽을, 차창의 왼쪽을 보고 고개를 끄덕이기도 하고 자기들끼리 손가락질하면서 차창 밖을 바라보았다는 것이었다. 그때의 충격을 K군은 이렇게 말하였다.

"나는 그때 그들이 장님이 아니라 장님을 일부러 흉내내고 있는지도 모른다는 착각에 빠졌습니다. 그들은 분명히 태평양의 푸른 바다를 보고 있었습니다."

일주일 여행을 끝내고 헤어질 무렵 모든 장님들이 다가와서 K군과 악수를 나누고 이렇게 말했다는 것이다.

"선생님 덕분에 정말 좋은 관광을 했습니다. 고맙습니다."

청계산 입구에는 조그만 찻집이 있다.

K여고 동창생들끼리 취미 삼아 하는 이 조그만 찻집은 내 단골 찻집이 되어버렸다. 그날도 산을 내려와 커피를 마시고 있노라니 와자지껄 떠들면서 한떼의 사람들이 찻집으로 들어오는데 바로 좀전에 보았던 그 등산객들이었다.

정확히 29명의 시각 장애자 등산객들은 찻집에 앉아서 식사를 하기 시작하였다. 그들은 소주를 시켜 나눠마시기도 하고 자기들끼리 박수를 치면서 노래를 부르기도 하였다. 그들을 안내하는 사람이 내게 와서 꾸벅 인사를 하길래 물어보니

'가톨릭 맹인 선교회'의 회원들로서 산악회를 조직하고 그 첫 번째로 청계산을 단체로 올랐다는 것이었다. 한 달에 한 번씩 산행을 하기로 했는데 다음 차례는 경기도에 있는 수락산이라고 했다.

내가 담배를 피고 있노라니 그들 중 한 사람이 나를 똑바로 쳐다보면서 '담배를 꺼 주십시오' 하고 정중하게 부탁을 하기도 하였다. 그 중에는 사람의 형태는 어렴풋이 알아보는 약시도 있지만 대부분의 맹인들은 아무것도 보지 못하는 전맹(全盲)들이라는 것이다.

나는 그들의 모습을 두어 시간 지켜보았다. 일찍이 태어날 때부터 보지도 듣지도 못했던 헬렌 켈러는 감동적인 수필을 쓴 적이 있다. 대학생 때 읽었던 수필의 내용은 대충 다음과 같다.

"봄이 오면 나는 벚나무의 가지를 손으로 더듬어 봅니다. 벚나무 등걸 속으로 흐르는 물을 나는 손끝으로 느낄 수 있습니다. 여러분들은 이 놀라운 기적을 그냥 지나쳐버리고 맙니다. 여러분들이 하루에 한 시간씩만이라도 장님이 되거나 귀머거리가 될 수 있다면 저 벚나무의 꽃과 저 나뭇가지를 날아다니는 새의 울음 소리를 보고 들을 수 있는 사소한 기쁨이야말로 최고의 은총임을 깨닫게 될 것입니다."

명랑하고 쾌활한 그 맹인들의 모습을 지켜본 후 산을 내려오면서 나는 내 자신을 향해 이렇게 말하였다.

'너야말로 눈뜬 장님이며 너야말로 귀 열린 귀머거리다. 너야말로 바보에 병신에 머저리다.'

우울증은 쉽게 가시지 않는다. 마치 쉽게 사라지지 않는 요즈음 기침 감기처럼. 그러나 나는 할 수 있다면 계속해서 쿨럭쿨럭 기침하면서 우울증의 밑바닥까지 내려가볼 것이다.

청계산 오르는 길에

조용한 사람

어디서 누구에게 들었는지 정확히 기억나지는 않지만, 자기의 나이를 짐작할 수 있는 재미있는 척도가 있다는 것이다. 그것은 아주 간단하다고 했다. 즉 길거리에서 교통 정리를 하는 교통 순경이 어리게 보이고 동생처럼 느껴지면 40대, 귀엽게 보이고 아들처럼 느껴지면 50대가 되었다는 증거라고 한다.

요즈음 나는 그 말을 실감한다. 예전에는 길거리에서 교통 순경 아저씨들과 말다툼도 무척 했었다. 그 당시에는 만만한 게 교통 순경들이어서 웬만한 위반을 하고서는 쉽게 이를 인정치 않으려고 했으며, 그들이 위반 딱지라도 떼려고 하면 낯을 붉히고 말싸움도 곧잘 했었다.

그런데 언제부터인가 교통 순경들이 동생처럼 느껴지더니

요즈음에는 그냥 귀엽게도 느껴지고 있다. 더욱이 요즈음에는 나이든 순경들보다는 어린 전경들이 교통 정리를 하고 있는 것이 보통이니, 어쩌다 그들과 대화를 나눌 때가 있으면 영락없이 아들녀석처럼 느껴진다.

될 수 있는 한 위반을 하지 않으려고 노력하는 편이지만, 서울에서 운전을 하다 보면 교통 체계가 워낙 불합리하여서 귀에 걸면 귀걸이요, 코에 걸면 코걸이 식의 위반을 어쩔 수 없이 저지르게 된다. 그럴 때면 이를 단속하는 전경들과 법규에 대해서 조목조목 따질 때도 간혹 있기 마련이다.

한참 말다툼을 하다 보면, 나는 갑자기 그들에게서 친아들과 같은 느낌을 받게 된다. 그러면 '아이구 관둬라, 저 아들과 같은 녀석이 매연이 가득한 거리에서 호루라기를 불면서 하루 종일 서 있는 것도 참으로 고통스러운 일일텐데 나까지 뭐라고 그들과 다투어 고통을 더해 주고 있는 것일까' 하는 노파심이 들어서 그만 벌금 딱지를 받고 물러서고 마는 것이다.

이따금 집의 아내도 〈우정의 무대〉인가 뭔가 하는 프로그램을 보면서 혼자 눈물을 질질 짜곤 한다. 무슨무슨 군부대의 군인들이 나와서 노래를 부르고 있으면 어머니가 나와 군복 무중인 아들과 만나 서로 부둥켜안고 울고는 아들이 어머니를 업고 무대를 한 바퀴 도는 고정 레퍼토리가 있는 프로그램인데, 그 장면이 나오면 아내는 도단이 녀석이 아직 군대에 가지 않았음에도 불구하고 질질 눈물을 짜곤 하는 것이다. 그

군인 아이들이 아들처럼 느껴져서 우는 것을 보면 아내나 나나 확실히 적잖은 나이를 먹은 꼰대(?)가 되어버린 것만은 분명한 일이다.

그런데 요즈음 내게 한 가지 절실하게 느껴지는 것이 있다. 그것은 내가 주로 나보다 나이 어린 사람들을 만나게 된다는 사실이다. 나는 비교적 일찍 작가로서의 사회 활동을 하였으므로 젊었을 때부터 주로 만나는 사람들은 나보다 나이 많은 사람들이었다. 뻔뻔하리만치 비위가 좋은 편이어서 간혹 만나는 사람들은 금방 내게 있어 형님이 되었고, 금방 선생님이 되었다. 열 살이 넘는 사람들도 나는 곧장 '아무개 형님, 아무개 형님' 하고 부르고 다녔는데, 선생님이라고 부르기보다 형님이라고 부르면 훨씬 친근감이 빨리 들고 친해지기가 그만큼 더 쉬웠기 때문이었다.

30대에 접어들고 나서는 내게도 형님이라고 부르는 후배들이 많아지기 시작하더니, 언제부터인지 서서히 나를 선생님이라고 부르는 사람들의 숫자도 점점 늘어나서 이제는 내가 형님이라고 부르는 사람보다 나를 형님, 선생님이라고 부르는 사람의 숫자가 훨씬 더 많아지고 있다.

요즈음에는 거의 나를 형님, 선생님으로 부르는 젊은 사람들과 주로 만나게 된다. 그래서 나는 존댓말을 듣고 반말을 하는 만남의 기회가 점점 더 늘어가고 있는 것이다. 솔직히 말해서 내가 동생이었을 때는 처신하기도 좋고 웬만큼 버릇

없고 무례하여도 동생이기 때문에 다 용서받았었는데, 내가 형님으로 선생님으로 불리우고 공댓말을 듣게 되는 경우가 많게 되고부터는 몸가짐이 훨씬 더 조심스러워졌다. 더구나 나를 형님으로 부르는 후배들에게 '나는 정말 그렇게 불리울 만큼 자격이 있는가, 형님으로서의 책임까지 느끼고 있는가' 하고 스스로 조심스러워지고 부담스러운 경우가 많아지고 있는 것이다.

그러다 보니 자연 내가 남의 말을 듣기보다는 내가 말을 하는 경우가 많아지고 있다. 젊었을 때부터 잘난 체해서 말이 많았던 나는 평소에도 그 말에 대해서 혐오감을 느끼고 있었는데, 그래도 그때는 나이가 어려 형님들과 선생님들과 자리를 마주하면 설혹 그들의 말이 시대에 뒤떨어지는 것처럼 느껴지고 재미가 없어도 어쩔 수 없이 그 말을 들을 수밖에 없는 편이었다.

그런데 이제는 나보다 어리고 젊은 사람들과 자주 만나다 보니 주로 그들은 내 말을 듣는 편이고 나는 주로 말을 하는 쪽이 되어버린 것이다. 내 말이 권위가 있고 내 말이 보다 지혜로워서라기보다는 나이가 더 많이 들었으므로 예의상이라도 그들은 내 말을 열심히 들어주는 것이다.

그런데 그런 것도 모르고 나는 그들이 내 말이 재미있고 유익하고 더 많은 지혜를 갖고 있어 내 말에 귀를 기울이고 있다는 착각에 가끔 빠져버리게 되는 것이다. 이것이 요즈음 내

조용한 사람

가 갖고 있는 중요한 딜레마 중의 하나이다. 그래서 나는 주의깊게 '말'에 대해서 생각해 보곤 했는데, 결국 나는 대부분의 말들이 나 자신의 이야기로만 국한되고 있음을 깨닫게 되었다.

나이가 들어갈수록 사람들은 자기 자신의 이야기를 토해내게 된다. 그만큼 추억이 많아져서 그런지는 몰라도 나이가 들어갈수록 그 사람의 입에서 나오는 이야기의 주제는 자기 얘기, 자기만의 추억, 자기의 의견, 자기 편견, 자기 주장이 많아지는 것이다. 문제는 그런 얘기에 쉽사리 이의를 제기하는 사람이 없다는 점이다. 왜냐하면 그런 말을 하는 사람이 자기보다 나이가 많은 선배이자 선생님이기 때문에. 다만 나이 든 사람에 대한 예우로써 말을 듣고 있을 뿐인데도 나이 든 사람은 자신의 말을 여러 사람들이 경청하고 있기 때문에 자기 말이 재미있고 유익하며 지혜롭고 올바르다는 무서운 환상에 점점 빠져들게 되는 것이다.

또한 나이가 들다 보면 그 나름대로 웬만한 인생 철학쯤은 터득하게 되어서 남에게 듣기 좋은 교훈거리쯤은 한두 가지 갖고 있기 마련인데, 이런 교훈거리도 자주 얘기하다 보면 히트곡 하나 가진 흘러간 가수가 기회 있을 때마다 무대에 나와서 흘러간 노래를 계속 부르는 것과 같은 꼴불견이 되고 마는 것이다.

다혜와 도단이는 이따금 내게 항의한다.

작은 마음의 눈으로 사랑하라

"아빠는 기회가 있을 때마다 무엇인가 꼭 메시지를 남기려 한다구."

무슨 얘기인가 하면 아버지인 나는 그들과 그냥 평범한 일상 얘기를 하다가도 그 말 중에 느닷없이 교훈적인 메시지를 섞어서 꼭 훈계조의 말을 덧붙인다는 것이다. 가령 밥을 먹는 얘기를 하는 것뿐인데도 그 말 중에 교훈적인 훈화쯤을 꼭꼭 한 마디 섞어야만 직성이 풀리고, 가을철이 되어서 추동복으로 갈아 입을 뿐인데도 갑자기 얘기중에 교장 선생님 훈화 같은 메시지를 섞으려 한다는 것이다.

그래서 아이들은 이렇게 내게 충고를 한다.

"아빠, 제발 메시지는 이제 그만 남깁시다."

중국이 낳은 선의 천재, 그래서 고불(古佛)이라 불리웠던 조주(趙洲)는 60이 넘은 나이에도 주장자를 하나 들고 산문을 나서면서 다음과 같은 말을 하였다.

'나는 세 살 먹은 어린아이에게도 배울 점이 있으면 그에게서 배울 것이며, 70 먹은 노인이라도 가르쳐줄 것이 있으면 가르쳐줄 것이다.'

조주의 말처럼 아이들의 충고에 내가 배울 점이 있으니, 그것은 쓸데없이 일상 대화 중에 그럴듯한 교훈적인 말을 섞으려는 그 잘난 체하는 교만을 버릴 것, 또한 남들이 얘기를 잘 들어준다고 해서 잘난 체하고 수다를 떠는 그 어리석음을 깨우칠 것, 또한 말 속에 주책없이 자기의 얘기를 섞어 넣는 만

성적 치매 현상에서 벗어날 것.

 아니다. 나이가 들수록 입의 문을 닫고 말의 빗장을 잠궈야 할 것이다. 그 대신 외부를 향해 열려 있는 귀의 대문을 활짝 활짝 열어둘 것. 조용한 노인. 내가 꿈꾸는 미래의 내 모습은 바로 그것이다. 나는 침묵하는 노인이 아니라 조용한 노인이 되고 싶다. 바위는 침묵하고 있는 것이 아니라 조용함을 간직하고 있는 것이다. 나는 바로 그러한 조용한 바위가 되고 싶다.

나무에 관한 세 가지의 시

세계 제1차대전 때 사병으로 입대하여 프랑스에서 싸우다 전사한 미국의 시인 킬머는 다음과 같은 시를 지어 노래했다.

나무처럼 사랑스러운 시를 볼 수는
결코 없으리라고 나는 생각한다.

하루 종일 잎이 무성한 팔을 들어
하느님께 기도 드리는 나무.

하루 종일 잎이 무성한 팔을 들어
하느님께 기도 드리는 나무.

여름날이면 자신의 머리카락 어딘가에다
방울새의 보금자리를 트는 나무.

가슴에는 눈이 쌓이면서도
비하고도 다정하게 사는 나무.

나 같은 바보도 시를 짓지만
나무를 만드시는 분은 오직 하느님.

 우스꽝스러우면서도 다정한 〈나무들〉이란 이 시처럼 '나무처럼 사랑스러운 시'는 이 지상에 없다고 나는 생각한다. 킬머의 노래처럼 '나무는 하느님이 짓는 시'인 것이다.
 내 정원에는 몇 그루의 나무가 있다.
 대부분이 소나무이지만 몇 그루의 과일 나무도 있다. 대추나무도 있었는데 잎이 패이고 병들어 작년에 잘라 버렸다. 이제는 모과나무와 감나무뿐이다. 그런데 이상하게도 감나무에는 감이 잘 열리지 않는다. 작년에는 서너 개 열렸는데 올해는 하나도 열리지 않았다. 나무에도 불임이 있는가 싶어 약을 뿌리러 가끔 오는 정원사에게 물었더니 그런 일은 없다는 것이다. 담 너머 옆집에는 올해도 감나무에 감이 무성하게 열렸다. 언젠가 만난 옆집 교장 선생님이 내게 먹으라고 나무에서 직접 감을 따서 주었다.

모과나무는 이사올 때 먼저 살던 집에서 캐온 나무이다. 먼저 살던 집은 사라져 다가구 주택이 되어 버렸지만 모과나무만은 우리와 함께 이사를 와서 대를 물려 살고 있으니 우리의 한가족처럼 정다운 나무이다.

해마다 열매를 많이 맺어 작년에 엄청나게 많은 모과를 땄었다. 그래서 모과를 잘라 차도 만들고 쨈도 만들어 먹고 남에게 후하게 나누어 줬을 정도였다. 그런데 과일 나무도 해를 거르는지 올해는 네 개밖에 열리지 않았다.

나는 우리집 나무 중에서 모과나무를 가장 사랑한다. 꽃이 예쁜 나무들보다 과일을 맺는 나무의 아름다움을 최근에 와서야 깨달았다.

아침이면 제일 먼저 정원에 나가서 모과나무를 쳐다본다. 그러면 모과나무도 나를 마주 보고……그것은 우리들의 일과 중의 하나이다.

잎이 무성한 여름에는 모과가 도대체 얼마나 열렸는가, 그 숫자를 제대로 가늠할 수 없었다. 그러나 가을이 와 그 푸르던 모과나무 잎새가 노랗게 물들더니 한 잎 두 잎 떨어져 마침내 앙상하게 헐벗고 나서야 네 개의 모과가 드러나 보이기 시작하였다. 숫자가 작은 대신 모과들은 모두 살찌고 통통한 모습을 하고 있었다. 가장 가까운 곳에 열린 모과를 따고 나머지 세 개는 그대로 나무에 매달린 채 내버려 두었다. 작년에는 나무 꼭대기에 실린 모과는 그대로 내버려 두고 보다가

나무에 관한 세 가지의 시

12월이 접어들었을 때 나는 나머지 모과를 모두 따기로 했다.

긴 막대기를 들고 나가 이리저리 토끼뜀을 하면서 모과를 향해 겨냥하기도 하고 나무 위에 올라가 전체를 흔들어 모과를 떨어뜨리면서 나는 문득 생각하였다. 그래, 나무에서 가장 마지막에 남는 것은 열매이다. 나무에서 가장 마지막 보이는 것도 열매이다.

줄곧 모과나무를 지켜보았으므로 지난 한 해 동안의 모과나무 일상을 나는 너무나 잘 알고 있다. 한 겨울 동안 나무는 헐벗어 있다. 그러다가 봄이 오면 움이 트고 꽃이 핀다. 어디서 날아왔는지 알 수 없는 벌들이 부지런히 꽃가루를 옮겨 준다. 그리고 나서 신록의 계절이 온다. 어느덧 꽃은 사라지고 무성한 잎이 자란다. 잎은 더 우거지고 무성해져서 속을 들여다볼 수 없는 숙녀의 치마 속처럼 나무는 젊음의 절정에서 폭발한다. 그러다 가을이 온다. 가을이 오면 나뭇잎들은 노랗게 물들어 떨어지기 시작한다.

나뭇잎이 떨어진다. 멀리서 떨어져 온다.
마치 하늘의 먼 정원이 시들고 있는 듯하다.
거부하는 몸짓으로 떨어지고 있다.
그리고 밤이 되면 이 무거운 지구는
모든 별들에서 떨어져 고독 속으로 잠긴다.
우리 모두가 떨어진다. 여기 이 손도 떨어진다.

다른 모든 것을 보라. 모두가 떨어진다.
그렇지만 모든 것이 이렇게 떨어지는 것을
양 손으로 살짝 부드럽게 받아 주시는 분이 계신다.

릴케의 시처럼 가을이면 거부하는 몸짓으로 낙엽들이 떨어지기 시작한다. 지난 여름날에 그 무성했던 영광의 잎새가 언제 그러하였냐는 듯 지치고 쇠락해서 맥없이 떨어진다. 그러나 그 모든 것이 떨어지고 있는데도 양 손으로 살짝 부드럽게 받아주시는 분. 그분의 손에는 나무가 그토록 전생애를 통한 고통을 통해서 이루어낸 과일 하나가 소중하게 들려져 있다.
그래, 성서의 말씀처럼 좋은 나무는 좋은 열매를 맺고 나쁜 나무는 나쁜 열매를 맺는다. 그러나 그것은 움이 트고 꽃이 피고 나뭇잎이 자라고 무성한 과정을 거친 뒤이다. 그리고 나서도 한참을 더 기다려야 한다. 그 나뭇잎들이 모두 떨어진 후에라야 홀로 열매만이 남는다. 잎이 무성할 때에는 그 열매가 잘 보이지 않는다. 또한 잎이 무성할 때에 열매마저 함께 무성하기를 바래서는 안된다. 모든 열매는 때가 있기 마련인 것이다.
나무는 우리에게 '기다림'의 교훈을 전한다. 그 모든 것을 거친 후에야 열매는 남아 빛난다.
꽃의 아름다움도, 잎의 영광도 모두 사라져야만 열매는 비로소 홀로 자신의 모습을 보인다. 열매는 그러므로 나무의 왕관이다.

이 지구상에서 오직 우리 인간만이 꽃과 동시에 열매를 원하고 무성한 잎과 더불어 열매를 욕망한다. '인내는 쓰다. 그러나 그 열매는 달다'는 유명한 서양의 격언도 있지만 이 지구상에서 오직 인간만이 인내도 없이, 기다림도 없이 쾌락의 열매만을 좇아 다닌다.

나무는 이렇게 침묵으로 우리에게 말하고 있는데 우리 인간만이 열매를 맺기 전에 대통령을 원하고 꽃도 피기 전에 인기를 얻으려 한다. 낙엽도 지기 전에 권력도 얻으려 하고 잎이 무성함과 동시에 명예까지 얻으려 한다.

지금 내 친구 모과나무는 완전히 나목이다. 열매도 없고 나뭇잎도 없다. 완전한 무소유(無所有)로 돌아와 얼핏 보면 죽어 있는 듯이 보인다.

그러나 죽어 있는 듯한 나무의 밑에서는 새생명을 잉태하려는 신생의 몸부림으로 뿌리가 용솟음치고 있는 것이다.

지난 한 해 동안 혼신의 힘을 다해 이루어낸 내 동무 모과나무의 열매, 하느님이 빚으신 모과가 내 책상머리맡 접시 위에 올려져 있다. 그 향기야 말로 인간이 인위적으로 만들어낸 향수와 비할 수 없다. 자연이 뿜어내는 향기야말로 우리가 볼 수는 없지만 분명히 느낄 수 있는 하느님의 체취이다.

접시 위의 모과 열매는 나이가 든다는 것의 행복함을 느끼게 한다. 나이가 들어 모든 것을 잃어가는 것이 실은 잃어가는 것이 아니라 자신이 심은 대로, 씨뿌린 대로의 열매를 거두기 위한 하나의 과정임을 깨닫게 한다. 내가 가장 좋아하는 미국의 시인 로버트 프로스트는 〈창가의 나무〉란 시에서 다음과 같이 노래하였다.

내 창가에 선 나무, 창가의 나무여.
밤이 오면 창문은 내려지기 마련이다.
너와 나 사이에 커튼은 결코 치지 말기로 하자.
대지 위에 치솟은 꿈꾸는 몽롱한 머리
구름 다음으로 크게 펼쳐져 있는 것
네가 소리를 내어 말하는 가벼운 말이
모두 다 깊은 의미를 지닌 것은 아니다.
그러나 나무여, 나는 네가 바람에 흔드는 것을 보았다.
만일 너도 내가 자고 있는 모습을 보았다면
내가 자유를 잃고 파멸 직전에 흔들리고 있는 모습을 보았을 것이다.
운명의 여신이 우리 머리를 마주 보게 한 날
그녀는 그 상상력을 발휘할 것이다.
너의 머리는 바깥 날씨에 크게 관계되고
나의 머리는 마음 날씨에 크게 관계되나니.

우리집 창가에 선 모과나무는 너와 나 사이에 커튼을 치지

나무에 관한 세 가지의 시

말기로 하자는 프로스트의 시처럼 나의 친구이자 나의 분신이다. 그 모과나무가 비와 바람 그리고 햇빛과 눈과 같은 바깥 날씨에 영향을 받는다면 나는 분노와 기쁨, 슬픔과 즐거움의 바깥 날씨에 영향받는 나무인 것이다.

그렇다. 나는 나무다. 마음에 의해서 열매 맺는 마음 나무인 것이다.

천사와 악마

지난 8월 중순.

아내와 볼일을 보기 위해서 명동에 들렀다 집으로 돌아가는 길이었다. 마악 동호대교의 터널로 들어서는데 갑자기 에어컨이 작동되지 않았다. 마침 그날은 불볕 더위여서 에어컨이 작동되지 않으면 견디기 힘들 정도로 차 속은 가마솥처럼 뜨거웠다.

이상하다 싶어 스위치를 껐다가 다시 켰더니 에어컨이 작동되기 시작했는데 뭔가 좀 찜찜한 느낌이었다. 계기판의 조명이 꺼져 있었고 어딘가 차의 엔진 상태가 정상적인 상태가 아닌 듯싶게 느껴졌다. 고무 타는 냄새가 나는 것 같기도 했는데 마침 터널 속에 들어섰으므로 차를 정지시킬 수가 없어 계속 앞으로 달려나갈 수밖에 없었다. 터널을 지나 마악 다리 위로 올라선 순간 갑자기 차의 보닛 부분에서 흰 연기가 솟구쳐 오르기 시작하였다. 계기판을 들여다보았지만 과열 상태를 알리는 바늘도 정상이었다. 그래서 내친 김에 그냥 달려가기로 작정하였다. 다리 위라 어디 한쪽에 차를 세울 수도 없고 다리만 건너면 자동차를 정비하는 수리 센터가 많이 있었으므로 무리를 해서라도 3, 4백미터만 전진해 나가기로 했던 것이다.

그러나 흰 연기는 더욱더 심하게 뿜어올라가기 시작했고 지나가던 차들도 모두 내 차에 이상이 있다고 손가락으로 가리키면서 주의를 주고 있었다. 순간 갑자기 차의 엔진 부분에서 불꽃이 피어오르기 시작하였다.

차가 불타기 시작한 것이었다.

아내와 나는 어리둥절해서 차를 세우고 내릴 생각도 없이 우두커니 운전석에 앉아 있었다. 그러자 불꽃은 더욱 피어오르고 화염이 마치 혓바닥처럼 널름거리면서 차의 앞부분에서부터 충천하기 시작하였다. 아내와 나는 황급히 차에서 내렸다.

차에서 내렸지만 워낙 기계라든가, 차의 정비 같은 것에는 백치인지라 어디서부터 손을 써야 할지 난감해서 아내와 나는 백주의 대낮에 멍청하게 타오르는 차를 바라볼 수밖에 없었다.

그때였다.

갑자기 트럭 한 대가 내 차 앞에 정차하여 멈춰섰다. 그리고는 젊은 청년 한 사람이 차에서 뛰어내려 내 차쪽으로 달려왔다. 거의 동시에 오토바이를 몰던 청년이 역시 내 차 앞에 서더니 갑자기 차도를 막은 내 차 때문에 순식간에 교통 혼잡에 빠져버린 다리 위에서 교통 순경처럼 수신호를 하면서 정리를 하기 시작하였다.

그뿐인가.

지나가던 택시가 차를 세우더니 머리가 하얀 환갑 정도의 운전사가 뛰어내려 내게 달려왔다.

"보닛을 여세요."

트럭을 몰던 청년이 침착한 목소리로 내게 말했다. 그제서야 내가 차의 보닛을 열자 젊은 청년이 덮개를 세웠다. 순간 배선을 타고 타들어가던 차의 불꽃이 분명하게 보였다. 차체 겉면을 보호하고 있는 스펀지에도 불이 붙어 화광이 충천하였다. 순간 택시 운전사가 조그만 휴대용 소화기로 차체의 불을 끄기 시작하였다. 그러나 차의 화염이 생각보다 강력해서 휴대용 소화기 하나로는 충분치 못하였다. 그러자 택시 운전사는 지나가는 차를 일일이 세우고 소화기, 소화기 하고 외치기 시작하였다. 마침내 소화기 한 대를 더 얻은 운전사는 그 소화기로 불을 다 끄고 나를 보더니 준엄한 표정으로 꾸짖어 말하였다.

"여보슈. 명색이 차를 몰면서 소화기도 따로 준비하고 다니지 않으면 어떻게 해."

"죄송합니다."

"주의하라구. 이 소화기 값이 이만 원이니 이만 원은 내슈."

"고, 고맙습니다."

나는 떨리는 손으로 이만 원에 만 원을 더 보태 삼만 원을 그 할아버지 운전사에게 내어드렸다. 생각 같아서는 만 원이 아니라 십만 원도 내어드리고 싶은 심정이었다. 할아버지 운전사는 다시 택시를 타고 어디론가 가버리고 남은 것은 우리 둘뿐이었다.

불과 오 분 사이에 동호대교는 이차선 중에 차선 하나가 불통되어 버렸으니 대혼란에 빠져 버렸다. 지나가는 차들은 대부분 교통 혼란의 원인을 제공한 우리 부부를 향해 쌍욕을 하거나 손가락으로 삿대질을 하고 있었다. 그러나 트럭을 몰던 청년과 오토바이를 몰던 청년은 예외였다. 오토바이를 몰던 청년은 여전히 교통 정리를 하고 있었고 트럭을 몰던 청년은 휴대용 전화기로 어디론가 전화를 하고 있었다.

소화기로 불꽃은 껐지만 아직 완전히 꺼지지 않은 탓인지 불기운이 남아 있었고 흰 연기는 계속 솟아오르고 있었다. 그러자 청년은 트럭에서 무엇인가 꺼내더니 다리 난간 너머로 집어던져 넣었다. 그것은 20미터가 넘는 두레박이었다. 그는 한강 물 속에 두레박줄을 집어넣더니 물을 퍼서 내 차의 엔진

작은 마음의 눈으로 사랑하라

에 끼었었다. 불은 완전히 꺼져 버렸다.

청년의 전화에 의해서 교통 경찰과 견인차가 달려온 것은 그로부터 5분 후.

불꽃을 보고 차를 세운 지 불과 10여 분의 짧은 순간에 모든 상황은 끝이 났지만 내게는 10시간 정도의 절박하고 긴 위급 상황이었다.

교통 정리를 해주던 청년은 내 얼굴을 보고 내가 글 쓰는 사람인 줄 알았다고 말하면서 웃었다. 그들이 너무나 고마워서 난 순간적으로 그 두 사람의 전화번호를 적어두리라 생각했다. 나중에 고맙다고 다시 인사를 하고 책이라도 한 권 사인해서 보내주리라 생각했는데 순간 나는 마음을 바꿔 악수만 하는 것으로 작별 인사를 대신 했다.

나는 요즈음 가능하면 사람들과의 인연을 만들려 하지 않는다. 고마우면 고마운 대로 헤어져서 흔적을 남기고 싶지 않다. 미워하는 사람도 마찬가지다. 미워하면 미워하는 대로 헤어져서 흔적을 남기고 싶지 않다. 사람들이 편지를 보내와도 나는 답장을 쓰지 않는다. 깍쟁이 같은 성격 탓도 있겠지만 될 수 있는 한 인연을 만들고 싶지 않은 생각 때문이다. 만약 그 사람들이 내게 고마운 일을 해서 덕을 쌓았다면 내가 굳이 따로 만나 인사치레를 하지 않는다 해도 그 사람은 자신이 쌓은 덕에 의해서 복을 받을 것이다.

이 세상에서 남에게 베푼 아주 하찮은 덕이라 할지라도 그냥 그대로 사라지는 법은 없다. 마찬가지로 남에게 저지른 아주 하찮은 악행, 남에게 준 하찮은 말의 상처라 할지라도 그냥 사라지는 법이 없이 그대로 돌아와 자신에게 앙갚음하게 되는 것이다. 이것이 인과응보인 것이다. 그러므로 남에게 덕을 베푼 사람은 결국 자기 자신에게 덕을 베푼 것이며 남에게 죄를 저지른 사람은 결국 자기 자신에게 죄를 저지른 것이다.

그러나 그날 밤 나는 집으로 돌아와 나를 도와준 세 사람의 얼굴을 차례차례 떠올리면서 쉽사리 잠을 이룰 수가 없었다.

이름도 모르고, 어디 사는 누구인지도 모르는 세 사람. 지나가던 택시를 멈추고 뛰어들어 불을 꺼준 할아버지 운전사. 전화를 걸어주고 한강물을 퍼서 불을 꺼준 트럭을 몰던 청년. 교통 정리를 해주던 오토바이 청년. 그 세 사람의 모습이 내 가슴에서 밤새도록 떠나지 않았다.

이 세상이 이렇게 혼잡스러워서 다리가 무너지고 가스가 폭발하고 백화점이 무너지고 살인에 성폭력의 각종 범죄가 일어나면서도 이 사회가 이나마 궤도를 이탈하지 않고 정상적으로 굴러가고 있는 것은 그러한 세 사람 때문이 아닐 것인가. 나는 누구인가. 내가 만약 그 시간에 그 다리 위에서 차를 몰고 있었더라면 막히는 교통 혼잡 때문에 무심코 불타는 차 곁에 선 나와 같은 부부를 보면 아마도 차창 문을 열고 이렇게 고함 질렀을 것이다.

"야, 이 자식들아. 정비나 좀 똑바로 하고 다녀."

작은 마음의 눈으로 사랑하라

순간 나는 생각했다.

우리는 흔히 천사를 날개가 달린 성스러운 모습으로 표현하고 악마를 눈이 충혈되고 두 개의 뿔을 가진 흉칙한 모습으로 표현하고 있다. 그러나 실제의 천사는 그런 모습으로 나타나지 않을 것이다. 천사가 실제로 날개를 가진 거룩한 모습으로 나타난다면 모든 사람이 그를 알아보고 그를 기꺼이 맞을 것이다. 마찬가지로 악마가 혀를 날름거리는 흉칙한 모습으로 나타난다면 우리는 악마에게 속지 않고 그를 먼저 피해 버릴 것이다.

모든 천사들도 평범한 사람의 모습으로 나타나고 모든 악마들도 평범한 모습으로 나타날 것이다. 예수가 다시 태어난다면 아마도 그는 내 곁에 살고 있는 아저씨의 모습으로 태어날 것이며 부처도 마찬가지일 것이다. 일찍이 크리스토 폴이라는 성자는 힘이 장사였는데 강을 건너는 나그네들을 업어 주는 일로 자신의 죄를 속죄하려 했었다. 그는 그리스도를 실제로 만나고 싶은 열망에 사로잡혀 있었는데 어느 날 자신을 깨우는 한 소년을 업고 강 중앙에 이르렀을 때 그 조그만 소년이 천근의 바위 무게로 자기를 내리누르는 것을 느꼈다.

누구냐고 묻자 그 소년은 이렇게 대답했다.

"나는 네가 그토록 만나고 싶어했던 그리스도다. 네가 나를 업고 가는 인생의 강은 이처럼 고되고 힘들 것이다."

이와 같은 일화는 우리 나라에도 있다.

천사와 악마

일찍이 세조는 병명을 알 수 없는 괴질에 걸려 전국의 온천을 모두 순방하였으나 효험이 없자 마지막으로 오대산에 들어가 산간 계곡에서 옷을 벗고 흐르는 시냇물에 목욕을 하고 있었다. 이때 동자 하나가 숲을 노닐고 있어 세조는 동자를 불러 자신의 등을 밀어달라고 하였다. 목욕을 마친 세조는 동자에게 말했다.

"어디 가든 임금의 옥체를 씻었다고 말하지 마라."

그러자 동자가 말했다.

"대왕도 어디 가든지 문수보살을 친견했다고 발설하지 말지어다."

말을 마친 동자는 홀연히 사라져 버리고 세조는 놀라 주위를 살펴보았는데 자신의 몸에 난 종기는 씻은 듯이 나아 있었던 것이었다.

이처럼 천사들은 우리들의 곁에 그렇게 나타나고 있을 것이다. 나를 도와준 세 명의 사람들도 천사들이며 또한 문수보살들이었을 것이다. 그들이 천사가 아니더라도 순간 천사는 그들의 마음 속에 숨어들어가 그들의 육체를 빌어서 나를 도와준 것이다. 그렇지 않으면 어떻게 그 트럭을 몰던 청년은 줄이 20미터가 넘는 두레박을 따로 준비하고 있었던 것일까. 그 사람이 문수보살이 아니라면 어째서 마침 그 시간에 내 곁에 있어 소화기로 불을 꺼줄 수 있었단 말인가.

그렇다.

우리 곁에는 천사들과 부처와 문수보살들이 곳곳에 숨어 있다. 일찍이 인도의 간디는 남의 아이를 살인한 죄인이 울면서 자신이 이제 어떻게 하면 그 죄를 갚을 수 있느냐고 묻자 네가 죽인 아이와 똑같은 나이의 아이를 찾아내서 그를 돌봐 주고 사랑하라고 가르치는데, 내가 만약 똑같은 상황을 만났을 때 차를 멈추고 지나가는 차를 교통 정리를 하여 준다면 그것으로 나는 내게 잠시 모습을 보였던 천사들과 문수보살들에게 빚을 갚는 것이고 나 또한 그 순간만은 내 육체 속으로 스며들어온 천사에 의해서 날개 달린 천사가 될 수 있는 것이다.

이 자리를 빌려 나를 도와준 그 세 사람의 천사들에게 정말 고마웠다고 감사의 인사를 드린다.

마음으로 보라

며칠 전의 일이었다. 하루에 한 번씩 목욕을 하는 것이 유일한 취미인데 단골 목욕탕은 마침 내부 수리중이라 다른 목욕탕에 들어가 뜨거운 사우나실에서 땀을 뻘뻘 흘리고 있을 때였다.
 옆에 앉아 있던 한 사람이 나를 툭툭 치면서 말하였다.
 "인호 아니냐?"
 나는 그 사내를 쳐다보았다. 나보다 먼저 들어와 땀을 흘리고 앉아 있던 그 사람은 뜨거운 내부의 열기로 얼굴빛이 낮술이라도 마신 듯 붉어진 얼굴로 나를 보고 환히 웃고 있었다.
 "누구신지?"
 전 같으면 잘 몰라도 묻는 게 미안해서 아는 체 얼렁뚱땅 악수하고 다음에 또 만나자 하는 인사치레를 나누고 헤어지곤 하였었는데 요즈음 나는 잘 모르는 사람이 아는 체를 하면 꼬박꼬박 묻곤 한다. 왜냐하면 그것이 부끄러운 일이 아니므로.

그러자 그는 대답했다.

"나야 나. 학동이야."

옷을 입은 채로가 아니라 아무런 신체적 특징이 드러나지 않는 벌거숭이의 맨몸으로 목욕탕에서 사람을 만나면 참 난감해진다. 옷에도 그 사람만이 가진 특징이 있고 머리 모양이나 구두, 장신구에도 그 사람만의 냄새가 있다. 게다가 목욕탕에서는 안경을 쓰던 사람도 대부분 안경을 벗기 마련이어서 벌거숭이의 맨몸으로 만나면 평소에 아는 사람도 좀 낯설어 보이는 법이다. 신체적 특징이라야 너 나 할 것 없이 똑같이 달고 있는 물건뿐인데 그것으로 어떻게 사람을 구별할 수 있을 것인가.

그러나 나는 그 사람이 그렇게 대답하자 순간적으로 사십여 년의 세월을 뛰어넘어 타임머신을 타고 과거로 돌아간 것 같은 느낌을 받았다.

"아, 그래. 너 학동이로구나. 성은 무엇이었더라."

"박이야."

"그래, 그래. 맞았어. 박학동."

이름을 외우자 순간 나는 열 살의 초등학생이 되어 버렸다. 그와 나는 초등학교 동창생이었던 것이다. 녀석의 이름이 독특해서 나는 그 이름을 즐겨 부르면서 놀려대곤 했었다. 뚜렷이 우리가 어떤 우정을 맺었던가 하는 기억은 떠오르지 않았지만 사십여 년의 세월이 흘렀다고는 해도 변함없는 꼬마 때의 모습이 영사막에 스쳤다 사라지는 영상처럼 선명하게 떠오르는 것이었다.

 사십여 년의 세월이라면 실로 강산이 네 번이나 바뀌는 긴 과거의 세월이다. 그런데 사십여 년만에 그것도 목욕탕에서 벌거벗은 채 만난 동창생 녀석의 얼굴이 그토록 분명하게 기억되는 이유는 무엇일까.

 함께 목욕하고 함께 옷을 입고 잘 가라는 인사의 악수를 하고 헤어져 돌아온 이후부터 나는 며칠 동안 사십여 년만에 만난 그 초등학교 동창생 녀석의 얼굴을 떠올리면서 생각에 잠기곤 하였다.

 어째서일까.

 한번 본 사람의 얼굴은 좀체로 잊어버리지 않는 장점을 갖고 있는 나도 요즈음엔 사람을 잘 알아차리지 못한다. 어떨 때는 함께 밤새워 술 마시고 함께 여행을 했던 사람도 잘 기억하지 못한다. 나의 이름이 좀 알려져서 잊혀지지 않는지 상대방은 반갑게 다가와 악수를 청하는데 나는 어리둥절해서 '누구시더라' 하고 솔직히 물으면 상대방은 난감한 표정으로 우리가 만났던 과거를 장황히 설명해 주곤 한다. 그러면 대부분 기억이 떠오르지만 어떨 때는 설명해 주어도 기억이 잘 떠오르지 않을 때면 나는 정말 미안해지고 겸언쩍어지는 것이다.

가끔 나는 지갑 속에서 그 동안 받았던 명함을 꺼내 정리할 때가 있다. 그 명함을 들여다보면서 느끼는 것이지만 명함 열 장 중 그 명함을 통해 얼굴이 떠오르는 사람은 겨우 한두 장에 지나지 않는 것을 느낄 때가 자주 있다. 그럴 때마다 나는 참 당황하곤 하는 것이다.

어째서일까.

사십여 년만에 처음으로 만난 초등학교 동창생 녀석은 생김새도 모습도 다 달라졌음에도 불구하고 세월을 뛰어넘어 선명히 기억되는데 비해서, 바로 몇 달 전에 만나서 밤새워 술을 마시던 사람의 얼굴은 왜 전혀 기억되지 않는 것일까.

그때 내 머리 속으로 떠오르는 것은 언젠가 대부(代父:가톨릭에서 신앙 생활을 돕는 영적인 아버지)를 통해 들었던 짧은 이야기였다. 그 집에는 아들이 둘 있는데, 둘째아들이 고등학교 3학년이라 큰아들이 공부를 가르쳐 주다 말고 이렇게 말했다는 것이다.

"낯익은 것은 아는 것이 아니다. 공부를 할 때 낯이 익다 해서 아는 것은 아니므로 실제로 시험을 볼 때는 틀릴 수밖에 없는 것이다. 공부는 눈으로 하는 것이 아니라 마음으로 하는 것이다."

우연히 들었던 그 말 한 마디가 요즈음 내 마음 속에 하나

마음으로 보라
•

의 화두로 살아 움직이고 있다.

내가 사십여 년만에 만난 초등학교 동창생을 알아본 것은 그 녀석을 알고 있었기 때문일 것이다. 왜냐하면 초등학교 다닐 때는 친구를 사귈 때 어떤 이해타산이나 선입견 없는 천진한 동심으로 친구들을 사귀었던 것이다. 그러므로 그때 사귄 동무들이 마음의 한복판 자리에 깊게 각인되어 새겨져 있는 것은 당연한 일일 것이다.

그러나 나이가 들어 최근에 만나는 사람들은 그저 낯이 익을 뿐인 것이다. 애초부터 그 만남이 어떤 회합이거나 목적을 지닌 회(會)이거나 사교적인 모임에서부터 비롯되었기 때문에 그 만남이 단지 보는 데만 머물러 있었기 때문인 것이다.

일찍이 부처는 그가 가장 사랑하던 제자 아난다에게 이렇게 말하였다. 아난다는 부처의 제자 중 가장 총명하고 잘생기고 똑똑했지만 아직 깨달음에는 이르지 못하였다. 부처는 이 똑똑한 사촌 아난다를 깨우치기 위해서 아난다의 머리를 쓰다듬으면서 다정하게 물어 말하였다.

부처는 팔을 들어 다섯 손가락을 구부리고 아난다에게 말하였다.

"네가 이것을 보느냐."

아난다가 대답하였다.

"봅니다."

"무엇을 보느냐."

"부처님께서 팔을 들고 손가락을 구부려 주먹을 쥐고 계신 모습이 보입니다."
"네가 무엇으로 보았느냐."
이에 아난다가 대답한다.
"모두 눈으로 보았습니다."
그러자 부처는 아난다에게 보는 것은 눈이 아니라는 사실을 여러 가지 변증법으로 애써 설명한 다음 다음과 같이 결론을 내리고 있는 것이다.
"아난다야. 눈은 다만 대상을 비출 뿐 보는 것은 마음이니라."
부처의 말은 진실이다. 초등학교 동창생을 본 것은 마음으로 본(見) 것이고 최근에 만난 사람을 본 것은 다만 눈으로 본(視) 것에 지나지 않는 것이다.
내가 그 사람의 영혼까지 꿰뚫어 보았다면 이는 마음으로 꿰뚫어본(觀) 것이라고 말할 수 있을 것이다.
서양 속담에 이런 말이 있다.
'눈에서 멀어지면 마음까지 멀어진다(out of sight, out of mind).'
이는 틀린 말이다. 서양의 공리주의(공리, 효용을 생활의 근간으로 삼는 19세기 전반의 서양의 사회 정치 사상)가 빚어낸 격언일 뿐이다. 진심으로 마음이 가까운 사람이라면 이렇게 바뀌어져야 할 것이다.

마음으로 보라

'눈에서 멀어지면 마음은 더 가까워진다.'

눈에서 멀어지면 마음도 멀어지는 것은 참사랑이 아니다. 참사랑이라면 눈에서 멀어지면 마음은 그만큼 더 가까워져야 할 것이다. 눈에서 멀어지면 마음도 멀어지는 것은 참우정이 아니다. 참우정이라면 눈에서 멀어지면 마음은 그만큼 더 가까워져야 할 것이다.

사람들은 끊임없이 남의 눈에 띄어야만 유명해지고 시대에 뒤떨어지지 않고 뒤처지지 않으리라 생각한다. 그러나 끊임없이 나타나 보이는 것은 결국 쇼윈도에 내걸린 마네킹에 지나지 않을 뿐이다. 이는 꼭두각시 놀이에 지나지 않는다. 낯익은 사람이기보다는 차라리 잊혀지는 사람이 훨씬 행복하다.

내가 내 이웃을 눈으로만 보면 내 이웃도 눈으로만 나를 볼 것이다. 내가 내 이웃을 마음으로 본다면 내 이웃도 나를 마음으로 볼 것이다.

그렇다.

"낯이 익은 것은 아는 것이 아니다."

이 말 한 마디가 이 무더운 여름에 내 가슴 속에서 활활 타오르고 있는 촌철(寸鐵)의 경고 한 마디이다.

있는 그대로의 모습

벌써 가을이다. 무더워서 에어컨이다, 선풍기다, 부채다 하고 야단법석을 떤 것이 정말 어제인 듯하건만 벌써 가을이다. 해마다 여름에서 가을로 넘어가는 환절기에는 된통 앓아 눕는 병치레를 하곤 하는데 올해도 예외는 아니어서 열흘 이상 몸살로 몸져 누웠었다.

아프면서 맞이하는 가을이라서 그런지, 올 가을은 정말 유난스럽다. 무슨 원수가 져서 그리도 미련없이 떠나버리는지 그 위대했던 여름은 흔적도 없이 사라져 버리고 벌써 과일의 속살을 익히는 따가운 가을 햇볕이다. 햇볕 잘 드는 거실에 앉아 커튼이란 커튼은 모두 젖혀버리고 며칠 동안 가을 정원을 바라보았다.

내가 가을이라 그렇게 말을 할 뿐이지, 가는 세월이나 낙엽은 실상 가을과는 상관이 없다. 그저 때가 되었으니 나뭇잎은 스스로를 붉게, 노랗게 채색시켰다가는 바람에 시들어 떨어질 뿐이고 가을이 되어서 그런 것은 아니다. 가을이라고 말하는 것은 우리들 인간일 뿐, 나무하고는 아무런 상관이 없다. 나무는 자기 스스로의 모습을 있는 그대로 꾸밈없이 보여주고 있을 뿐인 것이다.

'있는 그대로의 모습.'

문득 몸살에 걸려 신열이 있는 상태에서 가을 정원을 며칠간 바라보면서 느낀 생각의 한 조각이다.

그렇다.

자연은 항상 우리에게 있는 그대로의 모습을 보여주고 있다. 자연은 정말 꾸미지 않는다. 있는 것을 없는 체, 없는 것을 있는 체, 추한 것을 아름답게 치장하거나 위장하지 않고 있는 그대로의 모습을 보여준다. 때가 되면 싹이 트고 때가 되면 잎이 자라고 때가 되면 꽃이 핀다. 굳이 자신의 존재를 드러내려고 없는 향기를 풍기지도 않고 색깔을 화려하게 바꾸지도 않는다. 자연이 위대한 것은 바로 그 점에 있을 것이다.

자연처럼 겸손한 것이 있을까.

'겸손'

평소에 겸손이란 무엇일까 하는 것에 대해서 우리들은 많은 생각을 하고 있다. 겸손과 청빈의 대명사였던 성 프란치스코는 죽을 때가 임박하여 다음과 같이 말하였다.

'형제여. 하느님을 향한 나의 의지는 지금부터가 시작일 뿐일세.'

그처럼 위대했던 프란치스코도 하루하루를 하느님을 향해서 새출발을 하는 시발점이라고 고백하였던 것이다. 바로 이러한 겸손이 프란치스코를 겸손과 청빈의 대명사로 만들었는지는 알 수 없으나 인간이 이룩할 수 있는 덕목 중에서 겸손보다 더 소중한 영성이 있을 것인가.

그러나 무엇이 겸손인가.

남보다 자기를 낮추고 남보다 자기를 모자르다 인식하고 남을 섬기고 남을 위해 희생하고 남을 위해 봉사하고 베푸는 마음이라고 오늘날의 그처럼 많은 종교(그 숫자의 많음에 대해서 나는 이런 생각을 한다. 아마, 지나치게 많은 것은 어쩌면 하나도 없는 것일지도 모른다)들은 정의를 내리고 있다.

그러나 문득 가을 정원을 바라보다 말고 나는 한 조각의 영감을 얻었다.

겸손이란 자연처럼 있는 그대로의 자신을 숨김없이 드러내보여주는 것이 아닐까. 남보다 자기를 낮추는 것은 결코 겸손이 아니다. 그것은 위선이다. 남을 자기보다 못하다고 여기면서 자신을 낮추어 허리를 굽혀 인사를 하는 것은 마치 한 표를 얻기 위해서 허리를 굽신거리는 정치꾼과 같을 것이다. 남을 섬긴다는 것도 결코 겸손이 아니다. 우리에게 섬겨야 할 대상이 어디 있으며 우리가 섬김을 받아야 할 만큼의 자격이 있는 것일까.

　겸손이란 자연처럼 있는 그대로의 자기 모습을 숨김없이 보여주는 일이다.

　모르면 모르는 대로, 알면 아는 대로, 없으면 없는 대로, 있으면 있는 대로, 자기 모습을 과장하거나 꾸미지 않고 미화시키거나 변명하지도 않고 있는 모습을 나무처럼, 물처럼, 구름처럼, 바람처럼 그대로 드러내 보이는 모습이야말로 겸손이 아닐 것인가.

　사과나무는 사과 열매를 우리에게 내어주면서 자기를 희생한다고 말하지 않는다. 나무가 목재로 쓰여지기 위해서 밑둥째 베어지면서 자기가 남을 위해 봉사한다고 말하지 않는다.

　나는 며칠 동안 가을 정원을 바라보면서 생각하였다.

　그렇다면 겸손의 길도 그처럼 추상적이고 어려운 길은 아닐 것이다.

　'아는 것을 안다 하고, 모르는 것을 모른다 하는 것이 아는 것이다.'

　공자가 말한 이 구절처럼 모르면 모르는 대로, 겁이 많으면 겁이 많은 대로, 무식하면 무식한 대로, 못생기면 못생긴 대로, 힘이 없으면 없는 대로, 가난하면 가난한 대로 자기를 꾸미지 않고 허세를 부리지 않고 있는 그대로 내보이는 모습이야말로 겸손의 길일 것이다.

　그렇다면, 나는 며칠 동안 집 안에서 홀로 집을 보면서 따가운 햇볕이 내리쬐는 가을의 정원을 바라보면서 줄곧 생각하였다.

내가 있는 그대로의 모습을 보여주는 것이 겸손이라면 남들의 있는 그대로의 모습을 인정하는 것은 무엇인가.

인간은 누구나 타인을 내가 원하는 사람으로 만들려고 한다. 아내는 남편을 자신이 원하는 사람으로 만들려고 하고 남편은 아내를 자기가 원하는 여인으로 만들려고 한다. 부모는 자식을 자신이 원하는 아이들로 만들려고 하고 자식들은 부모를 자신이 원하는 부모로 만들려고 한다. 선생님은 제자를 자신이 원하는 제자로 만들려고 하고 제자는 선생님을, 상사는 부하 직원을, 직원은 상사를, 정치가는 민중을, 민중은 정치가를, 작가는 독자를, 독자는 작가를, 기자는 신문을 통해 대중들을 자신이 원하는, 자기가 옳다고 믿는, 자기가 선이라고 생각하는 사람으로 만들려고 노력한다. 그래서 그것이 안 될 때는 분노하고 절망하고 증오하며 무리가 따르고 불화하고 반목이 생긴다. 가정의 파탄은 성격의 차이라는 이름으로 이렇게 생기며 부모 자식간의 불화는 세대간의 차이라는 이름으로 이렇게 생긴다. 사회의 불안과 사회의 혼란은 모두 이러한 무리한 노력에서부터 시작된다.

있는 그대로의 네 모습을 있는 그대로 인정할 수만 있다면 바로 이것이 '사랑'이 아닐까. 술주정꾼 남편이라 해도 그를 있는 그대로의 모습으로 사랑하는 것. 노름꾼 아내라고 하더

있는 그대로의 모습
•
89

라도 그를 있는 그대로의 모습으로 사랑하는 것. 창녀라고 할지라도 그를 있는 그대로 사랑하는 것. 이것이야말로 사랑의 길이 아닐까.

술주정꾼의 남편을 사랑하기는 어려울 것이다. 그래서 아내는 그를 어떻게 해서든 술을 끊게 노력할 것이다. 실제로 도박에 미친 아내를 어떻게 사랑할 수 있을 것인가. 이는 불가능한 일이 아닐 것인가. 남편이 사람을 죽인 사람이라면 살인자인 남편을 어떻게 사랑할 것인가. 살인자인 남편을 어떻게 있는 그대로 인정할 수 있을 것인가.

남편을 내가 원하는 남편으로 만들기보다 내가 스스로 남편이 원하는 아내가 될 수 있을 때, 아내를 내가 원하는 아내로 만들기보다는 내가 아내가 원하는 남편이 될 수 있을 때, 아이를 부모가 원하는 아이들로 만들기보다는 내가 아이들이 원하는 부모가 될 수 있을 때, 근로자를 내가 원하는 근로자로 만들기보다는 내가 근로자들이 원하는 고용주가 될 수 있을 때 그것이야말로 사랑이며 평화가 아닐 것인가.

그렇다면,

'겸손'과 '사랑'은 동전의 양면이다. 나를 있는 그대로의 모습으로 보여줄 수 있을 때 그것이 바로 겸손의 길이며, 남을 있는 그대로의 모습으로 인정할 수 있을 때 그것이 바로 사랑의 길이 아닐 것인가.

겸손이 그만큼 깊은 사람은 그 낮은 밑바닥 때문에 채워지는 사랑의 부피도 커질 것이다.
 성 아우구스티누스는 이렇게 말하였다.
 '나는 하느님을 믿는다. 왜냐하면 하느님은 절대로 불합리하기 때문에.'
 그러나 이 불합리성이야말로 나환자에게는 놀라운 치유의 기적을, 절름발이에게는 일어나서 걷는 기적을, 거지에게는 인간으로서의 존엄을, 에이즈 환자에게는 희망을, 바보에게는 기쁨을, 가난한 사람에게는 행복을, 우는 사람에게는 위로를, 술주정뱅이에게는 평화를, 살인자의 손에서 그 더러운 빛을 깨끗이 씻어주고 마침내 인간으로 회복시키는 것이다.
 초추(初秋)의 햇볕이 분첩에서 흩어지는 분가루처럼 내리비치는 가을의 정원을 바라보면서 나는 문득 라이너 마리아 릴케의 〈가을〉이라는 시를 떠올린다.

 나뭇잎이 떨어집니다. 아슬한 곳에서 내려오는 양
 하늘 나라 먼 정원이 시든 양
 거부하는 몸짓으로 떨어집니다.

 그리하여 밤이 되면 무거운 대지가 온 별들로부터
 정적 속에 떨어집니다.

 우리도 모두 떨어집니다. 여기 이 손도 떨어집니다.

있는 그대로의 모습

그대여 보시라, 다른 것들을
만상이 떨어지는 것을.

하지만 그 어느 한 분이 있어 이 낙하(落下)를
무한히 다정한 손길로 어루만져 주십니다.

그렇다.
우리가 진심으로 남을 변화시키려면 남을 사랑해야 한다. 남을 사랑하려 한다면 남을 있는 그대로 인정해야 한다. 남을 있는 그대로 인정하려면 우선 나를 있는 그대로의 모습 그대로 드러내 보여야 한다.
나를 있는 그대로의 모습으로 드러내 보이는 일이야말로 '겸손'이다. 겸손은 이처럼 사랑을 키우고 기적을 이루는 작은 씨앗인 것이다.

칼국수 한 그릇의 철학

지난 연말부터 새해까지 두 달 가량 S사에 출근하고 있다. S사에 취직해서가 아니라, 1월 안으로 반드시 2천매 가량의 원고를 써야 하는 절박한 상황 때문이다. 평생 동안 단 한 번도 직장에 나가보지 않았던 나는 요즈음 7시에 기상해서 차를 타고 회사에 출근하고, 오후 5시쯤 퇴근할 때까지 여덟 시간 이상을 S사에서 글을 쓴다. 오전에 25매 오후에 25매, 하루에 50매씩 써야 한다고 나름대로 배수의 진을 치고 덤벼드는 작업이다.

그런데 내가 이처럼 S사에서 글을 쓰기 시작한 것은 아내 때문이다. 지금껏 나는 25년 동안 줄곧 집에서 작업을 해왔었다. 집은 내 숙소이자 가정이자 회사이자 직장이었다. 때문에 아내는 가정주부이자 내 마누라이자 내 비서이기도 하였다.

따라서 내가 글을 쓰면 아내도 함께 고통스러워 했었다.
 젊었을 때는 몰랐는데, 요즘에는 짧은 글을 쓸 때도 집에서는 한층 더 게을러져서 계속 잠만 쏟아지곤 한다. 중국에 다녀온 이래 연말까지 2천매의 원고를 써야 하는 절박한 상황인데도 통 글이 써지지 않았다. 글을 쓰지 않아도 신경은 하루하루 날카로워져서 옆에서 나를 지켜보는 아내 역시 몹시 힘들어하는 눈치였다.
 한 작품에 대해서 2천매를 집중적으로 써야 했던 적이 평생 처음이었으므로 나는 고민 끝에 S사에 직장인처럼 정기적으로 나가서 숙제를 하듯 하루에 50매씩 쓰기로 결심했던 것이다. 이 결심이야말로 참으로 현명했었다.
 전 3권의 분량 중 1권과 2권을 연말 안으로 끝낼 수 있었으니 정신과 몸은 함께 피로하지만 마음은 오히려 편안하다. 일이 끝날 때까지는 계속 긴장하고 있어야 하고 마음의 평정을 유지하고 있어야 했기 때문에, 되도록 사람 만나는 일은 우선 차단하고 있다. 연말이면 망년회다 회식이다 자연 모임이 많아지는데 원래 그런 분위기를 좋아하지도 않아 잘 참석하지 않는 편이지만, 올해는 1년에 한 번 있는 동창 녀석들의 부부 회합에도 나가지 않았다.
 퇴근(?)이면 완전히 지쳐 버린다. 유일한 기쁨은 혼자 차를 타고 단골 목욕탕에 가는 일이다. 압구정동에는 내가 15년 이상 찾아가는 낙원탕이라는 단골 목욕탕이 있다. 내가 이 목욕탕을 좋아하는 것은 다른 목욕탕들은 대부분 지하에 자리 잡고 있어서 어둡고 음침하지만, 이 목욕탕은 햇빛 밝은 이층에 있어 정결하고 밝은 느낌을 주기 때문이다. 이 목욕탕에는 내 단골 이발사도 있다. 이발관에서 머리 깎는 일은 이 목욕탕에 단골이 된 이후부터 완전히 사라져 버렸으니, 이 이발사는 15년 동안 계속된 내 전용 이발사로 불리울 만하다.

광주 출신의, 나보다 한 살 더 많은 이 이발사의 입담은 내가 가장 좋아하는 기쁨이다. 그의 이야기에는 촌철(寸鐵)과 같이 날카로운 사회 비평이 깃들어 있다. 나는 잘난 체하는 정치가들의 그 엉터리 같은 거짓말보다 이 단골 이발사 아저씨의 사회 분석에서 더 많은 공감을 얻는다. 광주 사태 후(후에 이 용어는 민주화 운동이라고 변했지만 나는 이렇게 눈 가리고 아옹하는 식의 눈가림이 참 싫다), 로마의 교황이 광주를 방문했던 사진을 신문에서 오려내어 거울 앞에 붙여두고 있는 이 이발사의 손은, 하루에도 수십 번씩 들이는 손님들의 염색약에 의한 부작용으로 마치 피부암에 걸린 사람의 손처럼 갈라져 있다.

지난 세밑, 나는 긴 머리칼을 깎기 위해서 퇴근 무렵 골목길을 지나 그 목욕탕으로 찾아가고 있었다. 목욕탕으로 가려고 하다가 너무 배가 고파 이대로 가면 이발이고 뭐고 목욕이고 욕탕 안에서 쓰러질 것같이 허기가 졌기 때문에 가끔 가는 칼국수집으로 우선 차를 몰아갔다.

칼국수 한 그릇의 철학

골목길에는 작은 칼국수집이 하나 있다. 유난히 콩국수나 칼국수 같은 국수류를 좋아하는 나는 지난 무더웠던 어느 여름날, 우연히 창 앞에 내걸린 '콩국수'의 선전 팻말을 보았었다. 들어가서 먹었는데 참 맛이 있었다. 골목길에 자리잡고 있었는데도 가게도 깨끗하고 품위있게 실내를 꾸몄으며, 무엇보다 국수를 정성들여 만들어 맛이 있었던 것이었다. 때문에 이따금 목욕탕을 가고 올 때마다 들러서 먹곤 하였는데 맛이 한결같았다.

그래서 그날도 머리를 깎기 전에 그 집에 들러 칼국수를 먼저 먹고 가자고 생각했던 것이었다. 혼자서 들어가 국수를 하나 시켜놓고 먹고 있는데, 웬 청년이 들어왔다. 그 칼국수집의 젊은 주인인 모양이었다. 그는 카운터에 들러서 입금을 계산하고 주방에 들어가 음식 만드는 아주머니들과 뭐라고 뭐라고 얘기를 하다가, 구석에 앉아서 국수를 먹고 있는 나를 보더니 내 곁으로 다가왔다. 그리고 꾸벅 인사를 하는데, 자기가 내 고등 학교 후배라는 것이었다.

국수를 다 먹고 나니 커피까지 특별히 서비스를 하고는, 그 젊은 후배가 더듬거리면서 얘기하기 시작했다. 자기는 내가 누구인지 잘 알고 있다는 것. 벌써 오래 전에 압구정동에 있는 칼국수집에서 먼저 인사했었다는 것(그제서야 어렴풋이 기억이 났다). 그러면서 이 청년으로부터 들은 이야기는 참으로 감동적인 것이었다. 그 얘기를 대충 정리하면 다음과 같다.

작은 마음의 눈으로 사랑하라

자기는 일류 기업체인 Y에서 간부 직원으로 근무하던 직장인이었다는 것. 그러던 어느 날 어머니께서 갑자기 국수집을 하고 싶다고 해서 아버지 몰래 국수집을 차려주었다는 것. 아버지 몰래 국수집을 차려준 것은 아버지가 우리 나라 헌법계의 태두인 L교수이기 때문이라는 것(실제로 그 이름을 모르는 사람은 없을 것이다). 아녀자가 밖에 나가 장사하는 것을 천하게 여기는 사대부집 출신의 아버지로서는 상상할 수 없는 일이었으므로 아버지 몰래 가게를 차려주었다는 것. 어머니는 원래 음식 솜씨가 좋아서 손님들이 오실 때마다 칭찬을 들어 특히 L교수댁의 칼국수 솜씨에 대해서는 모르는 사람이 없을 정도로 정평이 나 있었다는 것. 그러던 어머니가 갑자기 나이 드신 후 장사 때문이 아니라 뭔가 생기를 찾기 위해서 이러한 일을 원하셨다는 것. 때문에 아주 조그마한 가게를 하나 차려주었다는 것. 가게를 차리고 나서 그 개업 첫날. 걱정스런 아들은 일찌감치 회사를 조퇴하고 가게로 나갔었다는 것. 첫날 그 가게에서 있었던 일화에 대해서 그 청년은 이렇게 말하였다.

"손님이 과연 올까 안 올까 마음이 불안불안했습니다. 내가 가게로 갔을 때는 손님이 하나도 없었지요. 초조하게 문을 보고 기다리고 있는데, 한 사람이 들어왔습니다. 얼마 안 있어 또 한 사람 또 한 사람 해서 네 사람이 들어왔습니다. 모두 칼국수를 시켰지요. 그때 나는 주방에 들어가 보았는데, 국수를 마는 어머니의 손이 눈에 띄게 떨리고 있었습니다. 두려웠기 때문이었습니다. 한 십 분쯤 되어 칼국수가 다 끓었는데도 갑자기 어머니는 다 된 칼국수를 쓰레기통에 버리셨습니다. 손님들은 눈이 빠져라 기다리고 있었고 나는 다 된 국수를 버리는 어머니가 이해가 안돼서 왜 버리느냐고 묻자, 어머니는 이렇게 대답했습니다. '맛없게 되었어. 다시 만들자.' 그래서 다시 칼국수를 만들기 시작하셨습니다. 한 이십 분이 지나자 손님들이 화를 내기 시작하였습니다. 칼국수 먹는 데 왜 이리 힘드냐고 소리를 질러 제가 빌면서 이렇게 말했습니다. '잠깐만 기다려 주십시오. 곧 나올 겁니다.' 두번째 칼국수가 다 되었는데도 어머니는 그 칼국수를 쓰레기통에 버리셨습니다. 내가 화가 나서 왜 이러시냐고 묻자 어머니는 와들와들 떨면서 대답하셨습니다. '이것도 제맛이 아니다. 다시 만들자.' 한 삼십 분이 되자 기다리던 사람들이 화를 내면서 다 나가 버렸습니다. 맨 처음에 들어왔던 손님 한 분만 참을성있게 기다렸습니다. 세번째 만에 칼국수를 만들어 가져가는데 어머니는 거의 우실 듯한 표정이었으며 내 온몸에서는 비오듯 땀이 흘러내리고 있었습니다. 30분 가량 기다렸던 그 첫번째 손님은 칼국수를 다 드시고 나더니 이렇게 말씀하셨습니다. '아주머니, 내 평생에 이렇게 맛있는 칼국수는 처음 먹어봅니다. 이 집은 앞으로 손님으로 넘쳐 흐를 것입니다.'"

애기를 듣고 있던 내 눈에는 뜨거운 눈물이 고여들고 있었다. 청년은 이야기를 이어내려갔다.

"그 손님의 예언대로 국수집은 사람들로 대만원입니다. 저도 배울 만큼 배웠고 유능한 직장인이었지만, 어느 날 어머니의 뒤를 이어받아 이 칼국수집을 가업으로 경영해 보고 싶다는 생각이 들었습니다. 그래서 미련없이 사표를 내었지요. 이 칼국수집은 그 국수집의 체인점입니다. 맨처음 국수집을 경영할 무렵, 나는 현대적인 경영 기법을 도입하려 했습니다. 그때 어머니와 참 많이 다퉜습니다. 음식 재료도 줄이고 잘 관리해서 낭비를 없애 원가를 절감하려 했습니다. 그런데 어머니는 그게 아니었습니다. 어머니는 말했습니다. '나는 돈을 벌기 위해서 늙은 나이에 이 일을 시작한 것이 아니다. 나는 우선 내 국수를 많은 사람들이 잡숴주는 것이 즐겁다. 그것을 생각하면 몸이 아파도 집에 누워 있을 수가 없다.' 어머니의 말씀이야말로 옳은 진리임을 최근에야 깨닫게 되었습니다."

청년은 내게 웃으면서 말했습니다.

"요즘은 대통령 내외께서도 오십니다. 그 전에는 사나흘 전에 통보를 하셨는데 요즈음엔 아침에 바로 연락을 하십니다. 그러면 어머니는 대통령이 오신다는 말에 아파 누워 계시다가도 가게로 뛰어나가십니다. '대통령보고 내가 와서 잡숴 달라고 말한 적 없다. 대통령 되고 나서도 잊지 않고 칼국수 먹으러 오니 얼마나 고마운 일이냐' 하시면서요."

대통령이 찾아온다고 해서 그 칼국수집이 유명한 것은 아

칼국수 한 그릇의 철학

니다. 칼국수를 좋아해서 청와대 오찬에도 늘 칼국수가 오른다는 대통령도 한 달에 한 번 정도는 직접 그 칼국수를 먹어야만 직성이 풀릴 만큼 그 칼국수에 중독이 되어버린 것이다. 그것은 맛의 중독이 아니라, 자기가 하는 일에 최선을 다하는 그 소박한 기쁨과 손님을 내 가족으로 생각하는 정성에 중독이 되어버린 것이리라.

그렇다. 칼국수를 먹고 세밑의 거리를 지나 목욕탕으로 가면서 나는 생각했다. 내가 요즈음 쓴 글이 그 어머니가 만드시는 한 그릇의 칼국수가 될 수 있을 것인가. 내가 쓰는 글이, 우리가 하는 일이, 우리 국민이 벌이는 모든 사업이 그 할머니의 손끝에서 나오는 칼국수와 같다면 이것이야 말로 성불(成佛)의 길이며 이것이야말로 십자가의 길인 것이다. 아아 제발, 나를 포함해서 우리 모든 국민이 묵은 해를 보내고 희망찬 새해를 맞는 신년의 오늘, 그 할머니의 칼국수 한 그릇의 철학을 본받을 수 있다면.

이것이야말로 우리가 본받을 새해의 '신년교서(新年敎書)'일 것이다. 참고로 그 칼국수집의 이름을 밝힌다. '안동국시'. 그 집에서 칼국수를 먹는다면 맛에 있어 당신도 대통령이 될 수 있는 것이다.

2. 평화의 전사

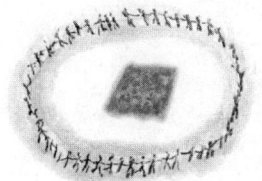

아버지와 아들

며칠 전의 일이었다. 한낮에 집에서 원고를 쓰고 있는데 전화벨이 울렸다. 아무도 없는 빈 집을 지키고 있었으므로 수화기를 들면서 나는 말했다.
"여보세요."
그러자 저쪽에서 여인의 목소리가 들려왔다.
"엄마 계시니?"
나는 엉겁결에 대답했다.
"안 계시는데요."
그러자 여인은 다시 내게 물었다.
"엄마 어디 가셨는데?"
순간 나는 가벼운 혼란에 빠져 버렸다. 내게 엄마를 찾다니. 내게 엄마를 바꿔달라니. 내 어머니는 벌써 5년 전에 돌아가셨다. 그래서 나는 '엄마 어디 가셨는데?' 하는 질문에 이렇게 대답했어야 옳았을 것이다.

"엄마는 오 년 전에 돌아가셨는데요."

그러나 나는 그렇게 대답할 수가 없었다. 왜냐하면 수화기를 통해 들려오는 상대방 여인의 목소리는 우리 어머니 또래의 할머니 목소리가 아니라 아내 또래의 중년 여성의 목소리였으므로 나는 뭐라고 대답해야 할지 갈피를 못잡고 있었던 것이다. 그제서야 나는 그 여인이 다름아니라 아내의 친구로서 나를 아내의 남편으로서가 아니라 아들녀석으로 착각하고 있음을 깨닫게 된 것이었다. 내가 아들이 아니라 남편이라는 것을 알게 된다면 그 여인이 몹시 무안해 할 것 같아서 우물쭈물하면서 나는 이렇게 대답했다.

"시장에 가셨습니다. 다음에 걸어 주세요."

전화를 끊고 나서 나는 곰곰이 생각해 보았다. 솔직히 불쾌한 기분은 아니었다. 내 목소리는 굵고 저음이었으므로 내 목소리를 모르는 사람이라도 이제 겨우 열여덟 살인 도단이의 목소리와 구분 못할 만큼 그런 애띤 목소리는 분명 아닐 것이다. 그러므로 내 목소리를 아들녀석의 목소리로 착각했던 것은 아들녀석의 목소리와 내 목소리가 쌍둥이처럼 닮아 있기 때문일 것이다. 아들녀석의 목소리가 애비인 내 목소리와 닮아 있다면 이는 기쁘고 즐거운 일이 아닌가. 또한 쉰에 가까운 내 목소리가 이제 스무 살도 안되는 청년의 목소리로 착각

될 만큼 힘차고 싱싱하다면 이는 얼마나 즐거운 일일 것인가.
 며칠 전 가까운 친구들과 점심 식사를 하다 말고 내가 겪은 그 이야기를 꺼냈더니 두 사람도 모두 그런 경험이 있다는 것이었다. 시인 K씨는 아들이 두 명으로 나보다 그런 경험이 많은 모양이어서 가끔 기분이 언짢았다는 것이었다.
 "엄마 좀 바꿔라."
 K씨의 아내 친구들이 K씨를 아들과 착각하고 그렇게 전화를 걸어오면 K씨는 이렇게 소리를 질러 그 여인에게 무안을 준다는 것이었다.
 "여보!"
 부엌에서 일하고 있는 아내를, 일부러 수화기를 통해 소리가 들리라고 큰 소리로 부르고는 이렇게 외친다는 것이었다.
 "당신 찾는 전화가 왔어."
 그렇게 되면 전화를 걸어온 아내의 친구들은 미안해서 어쩔 줄 모른다는 것이었다. 그에 비하면 능청꾸러기 시인 P씨는 K씨와 다른 장난기를 발동해서 이렇게 대답한다는 것이었다.
 "내 엄마는 시골에 계시고 내 아들의 엄마는 지금 부엌에서 밥을 하고 있는데, 두 엄마 중에서 누굴 찾으시는지요? 또한 전화를 걸어온 댁은 시골에 계신 우리 엄마의 친구인가요, 아니면 지금 부엌에서 밥을 하고 있는 우리 아들의 엄마 친구이신지요?"

그제서야 나는 그러한 사소한 전화 소동이 나뿐만이 아니라 모든 집에서 벌어지고 있는 작은 사건들임을 비로소 깨닫게 되었다. 아들녀석에게 그날 있었던 이야기를 꺼내 설명했더니 도단이는 내게 이렇게 말하는 것이었다.

"아빠는 처음인 줄 모르지만 나를 아빠로 알고 말하는 전화가 하루에도 세 통 이상은 된다구요. 어떨 때는 '형님이슈, 오랜만입니다'라는 전화에서부터 원고 청탁에 이르기까지 나를 아빠로 착각하는 전화가 수없이 걸려온다구요. 내 참."

나는 그렇게 말하는 도단이 녀석이 솔직히 싫지 않았다. 아들녀석이 어느 새 커서 내 목소리로 착각될 만큼 청년이 되었다는데 싫어할 애비가 어디 있겠는가. 언젠가 한 친구는 아들녀석의 방에 들어갔다가 담배 냄새를 맡고 나서 아들녀석이 벌써 숨어서 담배를 몰래 피울 만큼 자랐구나 하고 흐뭇해지더라고 했다. 그래서 꾸짖기는 커녕 오히려 대견한 생각이 들어 기분이 좋았다고 내게 털어놓았다. 그것을 보면 나이가 들어가면서 아들녀석이 점점 나를 닮아간다는 소식은 기쁘면 기쁜 소식이었지 불쾌한 소식은 아닌 것이다.

아들녀석은 다행히 키가 나보다 5센티미터 정도는 커서 170센티미터 이상은 되고 있다. 아버지인 나나 엄마인 아내나 둘 다 땅꼬마들이라서 아들녀석도 키가 작으면 어쩌나 걱정을 했었는데 요즈음엔 170센티미터 이상도 키가 작은 편이라고는 하지만 일단 170센티미터는 넘었으니 보통 수준은 되는 셈이고, 그래서 가끔 아들녀석의 스웨터나 잠바를 얻어입을 수가 있으니 나야말로 꿩 먹고 알 먹는 셈인 것이다.

따지고 보면 나는 아들녀석을 키울 때 정신적인 상처를 너무나 많이 입혔었다. 아들은 강하게 키워야 한다는 군사 문화의 덜 떨어진 애비들의 그릇된 가치관이 도단이에게 필요 이상의 상처를 입혔었다.

아들녀석은 성냥을 그어 불을 일으키는 것에도 두려움을 느끼곤 했고 자그마한 벌레도 잘 죽이지 못하였다. 어릴 때는 그것이 아들녀석의 심약한 심성 때문이라고 생각한 나머지, 나는 일부러 아들녀석이 보는 데서 벌레들을 죽이고 불나방을 때려죽였으며 아들녀석에게 파리채를 쥐어주고 직접 파리를 죽이라고 독재자처럼 명령을 내리곤 하였었다. 그럴 때면 아들녀석은 찔끔찔끔 울곤 하였었는데 나는 그 우는 모습이 싫어서 고함을 지르고 아이에게 위압을 주곤 하였었다.

그러나 이제서야, 벌레를 잘 죽이지 못하는 아들이 실은 심약해서가 아니라 그 벌레에 깃들어 있는 생명력에 대한 경외감 때문임을 깨달았으니 아들은 오히려 나보다 정신적으로 성숙된 어른이었던 것이다. 아들녀석을 혼자 재운다고 골방에서 재우면 아이는 어둠이 무서워서 책상 밑에 들어가 웅크리고 잠이 들곤 하였었다. 그 꼴이 보기 싫어서 나는 아들녀석을 꾸짖곤 하였었는데 나는 이제야 알게 되었다. 두려움이 많은 아이는 그만큼 상상력이 풍부한 아이라는 것을.

솔직히 말해서 나는 내 아들 도단이처럼 나와 얘기가 잘 통하는 벗을 아직 발견치 못하고 있다. 우리는 무슨 얘기든지 서로 통한다.

거칠고, 독선적이고, 변덕이 심한 독재자인 애비로부터 그토록 많은 정신적 상처를 입고도 나하고 쌍둥이처럼 똑같이 닮은 목소리를 가진 의젓한 청년으로 자라준 아들녀석이 대견스러워 나는 가끔 물끄러미 아들녀석의 옆얼굴을 훔쳐보곤 한다.

그 많은 오류와 그 많은 횡포 속에서도 아들녀석은 별다른 정신적 상처없이 성장해서 어느 새 청년이 되어 있는데, 나는 날 닮아 공부에 대해서는 취미가 별로 없는 아들녀석에게 공부하라는 말은 절대 하려 하지 않는다. 공부에 대한 고민은 자기가 나보다 더 많이 하고 더 많이 괴로워할텐데 나까지 거들어서 무슨 도움이 될 수 있을 것인가.

다만 어떨 때는 이 '고통의 바다(苦海)'에 공연히 태어나게 한 이 애비의 무책임한 원죄에 대한 죄책감으로 나는 그것이 미안하고 송구스러울 뿐이다.

나는 요즈음 초록색 잠바를 입고 다닌다. 보는 사람마다 조금 빛깔이 야해서인지 이렇게 묻곤 한다.

"나이에 비해서 옷을 젊게 입고 다니십니다."

그럴 때마다 나는 신이 나서 변명한다.

"아, 이건 제 옷이 아니라 내 아들놈의 옷이랍니다. 아들녀석의 옷을 빌려 입고 나왔는데 색깔이 조금 야한 모양이지요."

그러면 백이면 백 이렇게 대답한다.

"아니오. 아주 잘 어울리시는데요. 원래 최선생님에겐 원색의 옷이 잘 어울리시니까요."

아들녀석의 잠바를 빌려 입으면 옷에서 아들 냄새가 난다. 아들녀석도 가끔 내 옷을 빌려 입으니 아들의 옷에서도 내 냄새가 날 것이다. 가엾은 우리 아버지는 마흔아홉 살에 돌아가셨다. 그때 내 나이가 열 살이었으니 아버지는 아들의 옷을 빌려 입는 각별한 즐거움을 맛보시지 못하셨을 것이다. 아아, 가엾은 우리 아버지.

엄격한 아버지

　지금은 대학생이 된 도단이 녀석이 중학생일 때의 일이니까 벌써 오륙 년 전에 있었던 이야기인 것 같다. 무슨 일인가 정확히 기억되지는 않지만 도단이 녀석이 아내에게 어느 날 다음과 같은 푸념을 하였다는 것이다.
　"아빠는 말이야, 할아버지가 일찍 돌아가셨음으로 말이야, 아버지의 영향을 받고 자라지 못해서 아빠 노릇에 서투른 모양이라구."
　아내는 깊은 뜻없이 내게 그런 말을 전해 주었는지 모르지만 내게는 지금까지도 지워지지 않은 충격적인 말이었다.
　내가 초등학교 4학년 때인 열 살때 아버지는 돌아가셨다. 그러므로 고아는 아니지만 나는 아버지가 일찍 돌아가신 편모 밑에서 성장해 온 것이다. 아버지는 지금의 내 아내와 동갑인 마흔여덟의 나이에 돌아가셨다. 도단이 녀석의 날카로운 분석대로 나는 아버지 없이 초등학교를 졸업하고, 사춘기 소년이 되었으며, 청년이 되었고, 결혼을 했다.

열 살때 돌아가셨으므로 아버지에 관한 추억은 별로 없다. 아버지의 젖꼭지를 몰래 빨아보던 부끄러운 기억과, 아버지가 시키던 담배 심부름을 도맡아 했던 짧은 기억들, 아버지와 〈톰소여의 모험〉이라는 영화를 함께 보다가 문득 이상해서 쳐다보니 울고 계시던 아버지의 모습이 남아 있다.

한밤중에 유난히 겁이 많았던 나는 불어오는 바람에 대문이 덜컹거리면 아버지를 흔들어 깨우곤 했었다.

"아빠, 도둑이 들었나봐요."

그러면 아버지는 코를 골고 주무시다 말고 귀찮지도 않으셨는지 매번 바람 소리에 귀를 기울이시면서 이렇게 말하곤 하셨다.

"아니다. 도둑이 아니다. 바람 소리다. 무서워하지 말고 어서 자거라."

아버지는 들어오시면 언제나 나를 찾으셨다. 형제 중에서 내가 안마를 제일 잘해서인지는 모르지만 나를 불러서 다리를 두드리라 하시곤 했는데, 나는 한 번도 이를 마다한 적이 없었다. 왜냐하면 백 대씩 주먹으로 안마를 할 때마다 그에 합당하는 안마비를 약속하셨기 때문이었다.

돌아가실 때까지 아버지는 내게 지금으로 보면 엄청난 안

엄격한 아버지

마빚을 남기셨다. 지금으로부터 거의 40년 전의 일이니 복리 이자로 치면 아마도 수억이 넘을 것이다. 그런 의미에서 이다음에 혹 하늘 나라에서 지상에서의 아버지를 만나게 되면 다른 것은 몰라도 안마빚만은 악착같이 이자까지 합쳐서 받아 내려고 한다.

저녁 신문이 오면 아버지는 내게 신문 연재 소설을 읽으라고 하셨다. 나는 김래성의 〈애인〉이라는 연재 소설을 아버지에게 꼬박꼬박 낭독해 드리곤 했었다. 그 소설에는 사랑하는 두 연인들이 창경원의 나무에 서로의 이름을 새기면서 사랑의 맹세를 하는 장면이 나오는데, 그것을 읽을 때 나는 몹시 낯을 붉혔던 기억을 갖고 있다.

그때 그 소설의 삽화를 그린 화가가 김영주라는 분인데, 40여 년이 흐른 지금 그분이 내가 조선일보에 연재하고 있는 〈왕도의 비밀〉에 삽화를 그리고 있으니 사람의 인연이란 이처럼 묘한 것이다.

이렇게 몇 가지 단편적인 추억만을 남기고 아버지는 내가 열 살도 못된 어린 나이때 돌아가셨다. 그런 의미에서 도단이 녀석의 날카로운 지적대로 나는 한창 아버지를 본받고 아버지의 영향을 받으면서 성장해야 할 사춘기 시절에 아버지라는 거목의 영향 없이 스스로 자라난 것이다. 본받아야 할 아버지의 그림자 없이 형제 많은 집안에서 잡초처럼 자랐으므로, 나는 멋대로 자라서 멋대로 결혼하고 멋대로 아이를 낳고

작은 마음의 눈으로 사랑하라

멋대로 아버지가 되었었다. 그것이 도단이의 분석이었던 것이다.

　사춘기에 접어든 녀석이 아버지인 내게 무엇이 불만이었는지도 모르지만, 녀석의 눈에 비친 아빠인 나의 초상은 믿음직하고 의젓한 아버지가 아니라 왠지 위태위태하고 아슬아슬한 아버지로 비쳐보였던 모양이었다. 오십이 가까운 이 나이에 나는 간혹 도단이 녀석의 그 말을 혼자서 되새겨보곤 하는데, 나는 그럴 때마다 도단이의 날카로운 지적에 오히려 경의를 표하지 않을 수 없다.

　과연 아이들에게 나는 좋은 아버지였던가.

　나는 그 점에 대해서 깊이 반성하고 있다. 나는 걸핏하면 가족들에게 내가 피와 땀을 흘리면서 희생을 하고 있다는 심리적 부담을 주었지만, 이는 인간으로 태어난 이상 마땅하고 당연한 일이지 헌신이나 희생이라고 과장할 이유는 없는 것이다.

　또한 나는 아이들에게 깊은 정신적 상처를 주었었다. 내가 아이들에게 가장 미안한 점은 내가 지나치게 감상적이었으며, 때문에 일관성이 없었던 변덕쟁이 아버지였다는 점이다. 모든 것이 내 기분대로였다. 내가 기분 좋으면 나는 아이들을 아이스크림처럼 핥고 귀여워하였으며, 내가 기분이 나쁘면 아이들에게 폭군으로 군림했었다. 그래서 아이들에 대한 아버지상은 언제 비가 내릴지 모르는 변덕스런 장마철의 날씨

엄격한 아버지

와 같은 것이었으며, 그러므로 그들은 설혹 기분 좋은 내 모습에서도 쉽게 마음을 놓을 수가 없었던 것이었다.

분명히 말해서 나는 자상한 아버지임에는 틀림이 없다. 아마도 자상한 남편과 자상한 아버지라는 면에서는 나는 누구에게 뒤지지 않을 것이다. 나는 아이들의 생일을 잊은 적이 없으며 아이들이 학교에 오고 갈 때면 자가용 운전사처럼 언제나 그들을 모시고 다녔다.

돌아가신 아버지도 우리 형제들에게는 자상한 아버지셨다. 형제 중에 누구든 잘못을 하면 서로 둘러앉아 서로서로의 얼굴에 키스를 하게 하는 서양식 교육 방법을 쓰셨으며, 우리에게 한 번도 소리를 지르시거나 매를 드신 적이 없다.

그러나 자상한 아버지였다고 해서 나는 결코 좋은 아버지는 분명히 아니었다. 자상한 아버지는 결국 잔정이 많은 아버지란 뜻이며, 잔정이 많은 아버지는 감정적인 아버지라는 뜻에 불과한 것이다. 감정이 많은 아버지라고 해서 사랑이 많은 아버지는 아니다.

지금 와서 생각하니 훌륭한 아버지는 자상한 아버지가 아니라 엄격한 아버지인 듯 싶다. 자상한 아버지는 얼마든지 될 수 있다. 그러나 엄격한 아버지는 쉽사리 될 수 있는 게 아니다. 엄격한 아버지가 되려면 우선 그 아버지는 무엇보다 자기 자신에게 엄격하지 않으면 안된다. 일관된 가치관을 갖고 있으며, 보이지 않는 곳이라 할지라도 아버지로서 해서는 안될 일을 절대로 하지 않는 아버지일 때만 엄격한 아버지가 될 자격이 있는 것이다.

어디 아버지뿐이겠는가. 자상한 스승보다는 엄격한 스승이 더욱 되기 어려운 것이다.

지난번에 돌아가신 성철 스님은 수좌들이 졸거나 공부를 하지 않으면 도끼를 들고 와서 방구들을 내리찍으면서 이렇게 소리를 지르곤 하였다고 한다.

"이놈들아, 너희들이 앉아서 졸라고 불을 때 방을 덥혀주는 줄 아느냐? 이 도둑놈들아."

그분이 그렇게 할 수 있었던 것은 누구보다 자기 자신에게 철저하고 엄격했기 때문일 것이다. 만약 자기 자신은 철저하고 엄격하지 않으면서 엄격한 아버지나 스승이 되려고 하는 것은 불가능한 일일 것이다. 그는 결국 독재자나 폭군이 될 수밖에 없을 것이다.

나는 이미 아이들에게 엄격한 아버지가 될 자격을 잃었다. 엄격한 아버지야말로 가족들에게 자유와 평화를 줄 수 있는 것이다. 엄격한 아버지는 얼핏 보면 눈에 잘 띄진 않지만, 그는 아이들의 생애에 깊은 빛을 준다. 그리하여 자라나는 아이들을 두고두고 아버지의 빛 속에 머무르게 하면서 그들을 밝은 광명 속으로 계속 나아가게 할 것이다.

밖에서 존경을 받는 사람이라 할지라도 자기 아이들로부터 존경을 받는 사람은 드물다. 밖에서 인정을 받는 사람이라 할지라도 자기의 아내로부터 인정을 받는 남편은 드물다.

　서로 모르는 타인끼리 만나서 아이를 낳고, 그 아이들과 더불어 온전한 인격 속에서 한점의 거짓도 없이 서로서로의 약속을 신성(神聖)으로 받아들이고, 손과 발이 닳을 때까지 노동으로 밥을 얻어먹으면서 서로를 사랑하고 아끼면서 살다가, 마치 하나의 낡은 의복이 불에 태워 사라지듯이 감사하는 생활 속에서 생을 마감할 수 있는 가족이라면, 그들은 이미 가족이 아니라 하나의 성인인 것이다. 그렇게 보면 우리가 살고 있는 가정이야말로 하나의 엄격한 수도원인 것이다. 그 가정에서 살고 있는 가족들은 이미 종신 서원을 약속한 수도자들인 것이다.

다혜의 졸업식

<U>지난</U> 2월 27일은 딸 다혜의 졸업식이었다. 졸업식은 2시부터 시작되는데 만나기로 한 것은 3시, 미술 대학 앞 교정에서였다. 졸업식장에 들어가지 않겠다는 것이었다. 이왕이면 강당에 들어가 졸업식에 참석하는 게 어떻겠느냐고 묻자 딸아이는 대부분의 아이들도 식장에 들어가지 않는다고 했다.

일찍 집을 나서서 터미널 지하 상가의 꽃시장에 들러 꽃을 사기로 하였다. 아내는 단골 꽃가게에서 꽃을 한 다발 사들고 나왔다. 식장에 참석하는 가족이라야 나, 아내, 도단이와 딸아이의 외할머니인 장모님 이렇게 네 식구뿐이었다. 고모들이나 형님의 가족들은 미국으로 독일로 여행이나 출장 중이었으므로 졸업식에 참석하는 사람은 우리 가족들뿐이었다.

마침 연세 대학교도 같은 날 졸업식을 해서 신촌 일대가 북

새통을 이룰 것 같아 일찍 출발하였는데, 오전 오후로 나누어서 하는 시차 덕분에 생각보다 덜 붐비었다. 연세 대학교 옆문으로 들어가는 공터에 차를 세우고도 만나기로 한 약속 시간까지는 두 시간 정도 남아 있었다. 그래서 우리는 이화 여자 대학교 후문 앞에 있는 커피숍에서 커피를 마시기로 하였다.

아내는 커피를 마시고, 아들은 코코아를 마시고, 장모님은 유자차를 마시고, 나는 커피를 마셨다. 딸 다혜의 졸업식날 이처럼 가족끼리 모여서 각자의 취향대로 차를 마시니 갑자기 내 마음에는 '가족'이란 개념이 절실하게 다가오고 있었다.

지금으로부터 23년 전인 1972년 가을, 나는 대학을 졸업했었다. 졸업하기에는 학점이 1점 모자랐기 때문에 교수들이 모여서 회의까지 했었다는 것이었다. 그때 문과대 학장이었던 고(故)오화섭 교수께서는 회의에서 이렇게 말씀하셨다고 한다.

"최군은 이미 결혼도 했고 일간신문에 연재도 하고 있는 중이니(당시 나는 조선일보에 〈별들의 고향〉을 연재하고 있었다) 가불이라도 해서 졸업을 시켜주기로 합시다."

나는 대학교를 10년 가까이 다니고 있었다. 군복무로 4년, 낙제로 1년, 64년도에 입학해서 70년도에도 졸업을 못하는 그야말로 파란만장한 대학 생활을 했었다.

오화섭 교수님과 은사이시던 박영준 선생님의 배려로 한 학기 더 다녀야 졸업할 수 있던 학칙을 임시로 개정해서 가을 졸업을 하던 날. 졸업식에는 소설가 유현종, 시인 정현종, 비평가 정현기 형들이 참석해서 축하를 해주었었다. 물론 결혼 2년 남짓된 신혼의 아내도 남편의 졸업식에 참석했었는데, 그때 아내는 임신 중이었다. 젊은날에 나는 유난히 풍치가 심해서 졸업식날은 치통으로 얼굴이 퉁퉁 부었던 것으로 기억된다.

졸업식을 끝내고 학교에서 빌려준 슈퍼맨 같은 큼직한 학사 가운과 숯검댕이 같은 학사모를 쓰고 강당을 나오니 한복을 입은 신혼의 아내가 꽃다발을 들고 환히 웃고 있었다. 책상 위의 오뚜기처럼 아내는 만삭의 몸이었는데, 그것을 감추기 위해 아내는 한복을 입고 있었다.

그때 아내의 뱃속에 들었던 아이가 오늘 졸업하는 딸 다혜인 것이다. 뱃속에 들었던 아이가 대학교를 졸업하는 어엿한 숙녀가 되는 23년 동안 우리 부부는 마치 샘에서부터 출발하여 그 샘물이 개울물을 이루고, 내를 이루고, 폭포에서 떨어지고, 계곡을 굽이치고, 강물을 이루며 바다로 나아가듯 참으로 우여곡절의 한 생을 살아온 것이었다.

그때 중년이셨던 장모님도 이젠 할머니가 되어서 걸을 때마다 다리를 절뚝거리셨다. 그래도 손녀딸의 졸업이라고 생활비를 아껴서 모은 십만 원의 용돈을 따로 준비하시면서.

대학교 3학년이 되는 아들녀석은 밖에서 보니 이제는 어엿한 청년. 내가 대학교를 졸업할 때만 해도 이 아들녀석은 하늘 나라에 있었든지, 허공에 있었든지 존재하지도 않았었다. 그런데 그런 존재하지도 않았던 아들이 제 스스로 사람의 형태를 갖추고 우리 가족의 한 사람으로서 의젓하게 앉아 있는 것이다. 누나의 졸업식이라고 누나를 걱정하면서. 엄마가 산 꽃다발을 따로 챙겨들고서.

아내는 그 동안 많이도 늙었다. 무청처럼 내 졸업식 때 참석했던 이십대의 새파랗던 아내는 이제 쉰 살에 접어든 중늙은이가 되었구나.

유명한 일본의 시인 이시카와(石川啄木)는 26세로 요절하였는데, 평생을 빈곤과 병고 속에서 지낸 이 천재 시인은 그의 대표작인 〈나를 사랑하는 노래〉에서 다음과 같은 단가(短歌)를 남기고 있다.

거울 가게 앞을 무심코 지나가다가 문득 놀랐네.
초라한 모습으로 걷고 있는 이 몰골.

초라한 자신의 모습을 한탄하면서 이 시인은 다시 다음과 같이 노래한다.

애써 보아도

애써 보아도 나의 생활이 나아진 것이 없으니
손바닥을 들여다볼 수밖에.

애를 써도 생활이 달라지지 않으니 자신의 팔자인 양 손바닥에 새겨진 손금을 들여다본다는 이 시인은 다음과 같은 단가로 이 시를 끝맺고 있다.

벗들이 모두 나보다 훌륭하게 보이는 날,
이날은 꽃을 사들고 집으로 돌아와 아내하고 노닌다.

일본 사람들은 누구나 외고 있는 이 시 한 구절. 남들이 모두 나보다 훌륭하게 보이는 날이면 꽃을 사들고 집으로 돌아와서 늙은 아내와 어울리면서 노닌다는 이 시가, 갑자기 꽃을 한 다발 사들고 앉아 있는 아내의 얼굴을 물끄러미 보는 순간 내 머리에 떠올랐다.

내가 늙어가는 것은 전혀 상관없지만, 아내가 나이 들어 가는 모습은 가슴이 아프다. 자신의 남편의 졸업식에 아이를 배고 참석했던 신혼의 아내가 이제는 그 뱃속에 들어 있던 딸아이의 졸업식에 꽃을 사들고 앉아 있구나.

그러나 나는 요즈음 행복하다. 50의 나이가 이처럼 행복할 수 없다. 20대와 30대는 욕망으로, 피의 뜨거움으로 내 삶은 하나의 폭풍이었다. 40대는 재가 스러지기 전의 마지막 불꽃

다혜의 졸업식

처럼 타오르고 타올라서 광기의 화산이었다. 그런데 50에 들어서니 그 욕망의 미친 바람과 성난 파도는 거짓말처럼 가라앉아서 이제는 매사가 편안하고 평온하게 느껴진다. 공자가 말하였던 40대의 불혹(不惑)이 지금에 와서야 어울리는 말이 아닐까 나는 생각한다.

하기야 옛사람들은 우리 시대의 사람들보다 10년은 빨리 조숙하고 성숙되었으므로 옛사람의 40대는 우리 시대의 50대와 일치할지도 모른다.

요즈음엔 화도 잘 나지 않는다. 분노도 잘 일어나지 않는다. 그러한 것들은 모두 불(火)이며, 그러한 감정들은 바람(風)일 것이다. 이제 남아 있는 불은 재로 스러지기 직전의 불일 것이며 이제 남아 있는 바람은 잔잔한 미풍인 것처럼 느껴진다.

시간이 되어 대학교 안으로 들어가니 완전히 사람들로 가득 차 있었다. 마침 대통령이 아내를 대동하고 졸업식장에 참석하여 치사를 한다고 해서 이화여대 교정은 귀에 리시버를 꽂고 있는 경호원들까지 합세한 축제의 분위기였다.

미술 대학교의 현관 앞으로 찾아가니 딸은 이미 친구들과 우리를 기다리고 있었다. 검은 학사 가운에 검은 학사모를 쓴 딸아이의 모습은 다른 사람은 몰라도 적어도 이 못난 애비의 눈에는 예쁘고 아름답게 보였다. 어느 세월에 갓난아이였던 딸아이가 초등학교를 졸업하고 고등학교를 졸업하고 대학교를 졸업하였는가. 믿어지지 않아서 나는 눈이 부신 표정으로 딸아이를 쳐다보았다.
 시인 이시카와는 또 노래하였다.

 동해의 바닷가, 작은 섬 물기슭 하얀 모래밭에
 나는야 눈물에 젖어
 게와 어울려 노닌다.

 게와 어울려 노니는 이 시인은 모래를 한줌 손에 들고서 이렇게 노래한다.

 생명 못 가진 모래의 서글픔이여
 쌀쌀쌀
 움켜쥐면 손가락 사이로 떨어져내리네.

 시인이 노래하였듯 움켜쥐면 손가락 사이로 떨어져내리는 생명없는 모래처럼, 내 인생의 시간들은 움켜쥔 손가락 사이로 흘러내리는 생명없는 모래처럼 허술하게 빠져나가 버렸구나.
 졸업식이라야 가족들끼리 서둘러 사진을 찍는 날. 마침 날씨가 화창해서 우리 가족들은 여기서 한 장 찍고 저기서 한 장 찍고, 딸아이는 제 엄마와 단둘이 찍고 제 남동생과 단둘이 찍고, 이 애비도 쑥스러운 표정으로 함께 찍고, 온가족이 모여서 이빨을 보이면서 '김-치' 하며 함께 찍고……. 그리고는 졸업식은 끝이 났다.

아쉬우니 저녁에 따로 모여서 뷔페라도 함께 먹기로 하고 우리는 일단 헤어졌다. 대학의 교정을 내려오면서 나는 남이 눈치채지 않도록 안 보는 체하면서, 마치 시험에서 옆사람의 답안지를 컨닝하듯 꽃을 든 아내의 옆모습을 훔쳐보았다. 딸 아이의 친구들이 주었다는 꽃다발까지 합쳐서 서너 개의 꽃다발을 아들 녀석과 따로 나눠들고서 아내는 걸음걸이가 불편한 자기의 어머니를 부축하여 천천히, 까마득히 먼 옛날 자기도 처녀 시절에 분명히 있었던 대학의 졸업식장을 마치 남의 일인 것처럼 이리저리 구경하면서 걸어가고 있었다.

언젠가는 내 딸아이도 내 아내를 자기의 할머니처럼 부축하고서 자기 딸아이의 졸업식장에 저렇게 꽃다발을 들고 느릿느릿 걸어가고 있겠지. 움켜쥐면 손가락 사이로 흘러내리는 생명 못 가진 모래처럼 시간은 우리의 곁을 모래처럼 그렇게 흘러내리고 있다.

그때에 나는 어디에 있을 것인가. 내 장모님처럼 걸음걸이가 불편해 지팡이를 짚고서 허리가 굽은 채 그 곁을 따라 함께 걸어가고 있을 것인가. 아니면 이미 돌아가 이 지상에서는 사라져 버리고 없을 것인가.

후문을 빠져나오는 내 귀로 시인의 짧은 노래가 메아리쳐

작은 마음의 눈으로 사랑하라

들려왔다.

　그까짓 일로 죽어야 하나.
　그까짓 일로 살아야 하나.
　두어라, 그까짓 문답(問答).

　그래, 시인의 노래처럼 그런 쓸데없는 문답일랑 나눌 이 없는 것이다. 죽는 일도 사는 일도 모두 쓸데없는 문답. 그러한 것이 곧 인생인 것이다.

아버지와 딸

<u>요즈음</u> 어렸을 때 불렀던 다음과 같은 내용의 노래가 자꾸 떠오르곤 한다.

넓고 넓은 바닷가에 오막살이 집 한 채
고기 잡는 아버지와 철모르는 딸 있다
내 사랑아, 내 사랑아, 나의 사랑 클레멘타인
늙은 애비 혼자 두고 영영 어디 갔느냐

아일랜드 민요인지 아니면 미국 민요인지 그 노래에 얽힌 에피소드는 잘 알지 못하지만, 우리 나라 말로 바꿔놓은 개사 하나만큼은 기가 막히다. 아마도 클레멘타인이란 어린 딸을 거느린 고기 잡는 아버지가 바닷가에서 살아가고 있었던 모양이다. 가사의 내용으로 보아 딸을 낳은 엄마는 일찌감치 세상을 떠났는지 이 늙은 어부는 오직 어린 딸 하나만을 사랑하면서 고기를 잡으면서 살아가고 있었던 것 같다. 그런데 어느 날 이 늙은 어부의 모든 생명인 그 딸이 어디론가 사라져 버린 모양이다. 다시는 돌아오지 않을 머나먼 곳으로. 늙은 애비를 홀로 두고 가출해 버린 것은 아닐 테고, 아마도 사랑하는 남자를 만나 함께 자신의 인생을 찾아 바닷가를 떠나버린 것이겠지.

요즈음 내 머릿속에 이 노래가 새삼스럽게 자꾸 떠오르는 것은 내가 바로 철모르는 딸을 하나 거느린 늙은 고기잡이 어부가 되었기 때문이다.

지난 달 말, 아내는 아들녀석을 데리고 미국으로 떠나버렸다. 아들아이가 일 년간 연수를 위해 미국으로 떠나기로 계획했기 때문이었다.

어느 새 아들은 대학교 3학년을 마치고 새학기엔 졸업반이 되어간다. 지난 해부터 도단이는 졸업하기 전에 외국에서 한 일 년간 유학을 하고 싶다고 졸라댔었다. 눈이 나빠서 군대에도 못 가는 아들녀석을, 굳이 외국어 연수가 아니더라도 외국 같은 곳에 가서 혼자 살게 하면서 자립심을 키우는 것도 나쁘지 않다고 생각해 왔었다.

일 년 동안 외국에 나가서 공부한다고 해도 외국말이 도대체 얼마나 늘 것인가. 더구나 미국 같은 데 보내면, 한국에서

아버지와 딸

온 유학생 만나서 어울려 놀다 영어는커녕 한국말만 더 배워서 온다던데. 그래서 아예 한국 사람이 없는 영국으로 유학 보낼까 어쩔까 고민하다가, 에라 공부를 하려는 녀석은 시장터에서도 공부를 하고 공부를 안 하는 녀석은 도서관에서도 잠만 잘 잔다던데. 이왕 보내려면 큰누이와 남동생이 있는 로스앤젤레스로 보내기로 작정했던 것이다.

새학기가 시작되는 4월 초까지 미리 가서 현지 적응도 하고 사전 답사도 할 겸 일주일 전쯤 아내와 아들녀석을 함께 미국에 보내버렸다. 혼자 비행기를 태워 보내도 혼자서 다 처리할 만큼 성장한 아들이지만 아내를 함께 보낸 것은, 그렇지 않아도 온 집안이 똘똘 뭉쳐 함께 사는 우리집에서, 생전 처음 아들녀석이 장기간 유학을 하느라 집을 비우면 아내가 몹시 허전해 할 것 같아 함께 가서 엄마와 아들간의 이별 연습이나 실컷 하고 오라는 생각 때문이었다.

때문에 요즈음 집안에는 딸아이와 나, 이렇게 단 둘이 남아 있게 되었다. 딸아이와 내가 단 둘이 집안에 남아 있는 것은 평생을 통해 이번이 처음이다. 초등학교 들어갈 무렵 딸아이가 폐렴을 앓아 세브란스 병원에서 두 달 이상 입원했을 때도 나는 네 살의 어린 도단이와 집을 지키기도 했고, 자라서는 함께 여행도 자주하고, 최근에는 일본에 함께 다녀오기도 해서 아들녀석과 단 둘이 집을 지킨 적은 많이 있었지만 딸아이와 단 둘이 지내는 것은 이번이 처음이다. 요즈음 자주 떠오르는 노래처럼 넓고 넓은 바닷가에 오막살이 집 한 채 속에서 클레멘타인이란 딸아이 하나 데리고 혼자 사는 늙은 어부처럼 벌써 열흘 이상 단 둘이 집에서 살고 있는 것이다.

올해 다혜는 대학원 일학년생. 스물네 살의 과년한 딸이라서 얼마 안 있으면 클레멘타인처럼 늙은 애비 혼자 두고 영영 어디론가 떠나버릴 그런 아이이다. 그런데 평생 처음 딸아이와 단 둘이 지내면서 나는 새삼스러운 사실을 깨닫게 되었다.

평소에 딸아이는 전혀 부엌에 들어가지 않는다. 심지어 엄마가 부지런히 음식을 만들어도 접시 하나 나르는 적이 없다. 이 점에 대해서 아내는 못마땅해 하며, 저렇게 하다가 시집을 가면 어떻게 할까 걱정을 하곤 했었다. 밥을 먹은 후에도 설거지조차 하는 일도 드물었다. 뿐만 아니라 집안 일에는 관심조차 없는 듯이 보였다. 청소, 빨래는 물론 라면 하나라도 제대로 끓이는지 우리는 늘 걱정되었다.

아내는 집을 비우면서 무엇보다 그것이 가장 불안했던 모양이었다. 나 역시 아내가 떠나면 밥은 밖에서 먹고 들어가거나, 사정이 여의치 않으면 인근 중국집에서 자장면이나 배달해 먹는 것으로 끼니를 때우리라 미리 작정해 두고 있었던 것이었다.

그런데 그게 아니었다.

아내가 떠난 그날부터 딸아이는 내가 평소에 보던 그런 아이가 아닌 다른 아이로 완전히 변해 버린 것이었다.

아버지와 딸

저녁이면 다혜는 내게 밥 먹는 시간을 묻는다.
"일곱 시쯤 밥을 먹자."
내가 대답하면 딸아이는 정확히 일곱 시에 내게 소리를 지른다.
"아빠, 식사하세요."
한 번은 내가 외출에서 집으로 돌아오니 반찬이 진수성찬이었다. 떨어졌다고 생각했던 과일에 오렌지도 있었고, 불고기까지 차려져 있었다. 이게 도대체 웬일이냐 하고 내가 물었더니, 낮에 시장에 들러 찬거리를 사왔다는 것이었다. 딸아이가 백화점에 들러 지하 슈퍼마켓에서 먹을 찬거리를 사들고 집으로 와서 반찬을 하였다는 것이었다. 나로서는 완전히 심봉사가 된 느낌이었다.

어린 딸 심청이를 데리고 사는 심봉사야말로 어느 날 아침 진수성찬이 나오자, 그 진수성찬이 심청이가 공양미 삼백석에 몸이 팔려가는 작별의 성찬인 줄 모르고 '이게 웬 진수성찬이요' 하고 묻는다. 이에 심청이가 울면서 대답하였다던가.

"장승상 댁에 잔치가 있어 잔치 음식을 좀 얻어왔구만유."

그렇다. 나는 요즈음 효녀 심청이와 함께 사는 심봉사가 된 느낌이다. 아침이면 딸아이는 빵 한 조각에 우유 한 잔, 그리고 딸기와 사과 두 조각을 곁들여 갖다 준다. 친구가 많아 외출을 자주 하던 딸아이가 완전히 외출까지 끊고 가정주부가 되어 버렸다. 큰 집에서 혼자 집을 보고, 혼자 밥을 짓는다.

함께 식사를 하는 것은 저녁 식사 때뿐인데, 솔직히 말해서 나는 딸아이가 차려준 밥상을 앞에 놓고 식사를 할 때면 왠지 미안하고 송구스러워지기도 한다.

제주도 지방 민요에 다음과 같은 노래가 있다.

딸아 딸아 우리딸은
대보름달 같은 내 딸
물 아래 옥돌 같은 내 딸
제비새젯 날개 같은 내 딸
뚜럼이 판짓 같은 내 딸
고분새 짓 같은 내 딸

그뿐이랴, 창원의 민요에도 다음과 같은 노래가 있다.

옥동처자 우리딸아
인물 곱고 맵시 좋고
바늘 사리 잘삼사리
보기 좋게 잘도 하고
살림살이 잘살기는
우리 처자밖에 없네
작년이라 춘삼월에
시집이라 보냈더니

주야장천 보고 싶어
죽도 사도 못하겠네

내게도 누이가 셋이나 있는데 특히 큰누이와 둘째누이는 지금도 아버지를 못잊어 한다. 큰누이는 지금도 아버지 이야기를 할 때면 눈물을 흘리고, 둘째누이도 이렇게 말하곤 한다.
"우리 아버지 같은 인격적인 남자는 내가 일찍이 본 적이 없다."
딸들에겐 아빠의 좋은 점만 보이는 것일까. 인간으로서의 약점이 많았던 아버지를 누이들은 아직도 완전한 남자로 생각하고 있는 것이다. 맏딸인 아내도 이따금 아버지를 꿈에서 보곤 한다. 장인 어른의 제삿날이 가까워오면 꿈에 아버지의 모습이 저절로 보인다는 것이다.
아내와 연애 걸던 시절, 나는 장인 어른이 길거리에서 쓰러져 메디컬 센터에 있다는 말을 들었다. 아내의 아버지가 응급실에 누워서 돌아가시기 직전에도, 병상을 지키고 있는 아내를 불러내서 어두운 골목에서 부싯돌을 긁듯 키스만을 해대었다. 아내는 죽어가는 아버지와 반찬투정하듯 철모르는 미래의 남편 사이에서 얼마나 가슴이 아팠을까.
아내는 가끔 이야기한다. 어느 날 회사에서 집으로 돌아오는 버스를 탔을 때 저 앞쪽에 아버지가 서 계신 것을 본 적이

작은 마음의 눈으로 사랑하라

있었다고 한다. 초라한 아버지의 모습을 보고 끝내 모른 체하였는데 그게 아직도 가슴 속에 아버지에 대한 죄스러운 슬픔으로 남아 있다고 말하였다.

아아. 저 밥상머리에 앉아 있는 내 딸아이도 이 다음에 시집가서 철부지 남편을 만나서 아이 낳고 살다가 언젠가는 이렇게 누이들처럼 고백할 날이 있을 것인가.

"엄마의 아빠는 아주 좋은 아버지였단다. 이 엄마는 아버지와 같은 남자를 본 적이 없단다."

솔직히 말해서 난 그렇게 불릴 자격이 없다. 난 아이들을 볼 때면 항상 미안하다. 연극 무대에서 아버지 역할을 맡은 것처럼 나는 항상 내 아버지 역할에 대해 조마조마할 뿐이다.

아아, 아버지에 있어 딸은 누구인가. 그 딸은 어디서부터 내게 따님이 되어서 오신 것일까. 그리고 그 딸에게 있어 아버지인 나는 도대체 누구인가. 신기하고 신기하구나.

밤이면 나는 이층 서재에 눕고 딸아이는 아래층에서 텔레비전을 본다. 특별히 할 말도 없이. 밤 열두 시에 불을 꺼도 딸아이의 방에는 불이 켜져 있다. 잠들기 위해 누우면, 귓가에서 파도 소리가 들리고 아득히 먼 바닷가에서 노랫소리가 들려온다.

   넓고 넓은 바닷가에 오막살이 집 한 채
   고기 잡는 아버지와 철모르는 딸 있다

내 사랑아, 내 사랑아, 나의 사랑 클레멘타인
늙은 애비 혼자 두고 영영 어디 갔느냐

잠들기 위해 누운 내 눈가에서 밑도 끝도 없는 눈물이 흘러 내리는 요즈음이다.

단 하나의 친구

어릴 때 읽은 동화 하나가 요즈음 자꾸 머릿속에 떠오르고 있다.

유난히 친구를 좋아한 한 청년이 있었다. 그는 언제나 친구들과 어울려 술을 마시고, 돈을 쓰고 춤을 추곤 하였다. 이를 보다못한 그의 아버지가 청년을 나무라며 꾸짖었다. 그러자 청년은 대답했다.

"아버지, 저는 지금 친구를 사귀고 있습니다. 아버지께서 말씀하시지 않으셨습니까. 평생을 통해 진정한 친구를 사귀는 것보다 더 값진 일은 없다고 하시지 않으셨습니까."

이에 그의 아버지는 말하였다.

"그렇고말고. 진정한 친구를 사귀는 것보다 더 값진 것은 없고말고. 그렇다면 네가 사귀는 그 친구들이 진정한 벗들이라고 말할 수 있을까?"

이에 아들은 대답한다.

"그렇습니다."

당황한 아들의 말에 아버지는 아들의 우정을 시험해 보려 한다. 아버지는 아들에게 돼지를 잡아 지게에 메게 하고 아들의 친구 집을 방문토록 하는 것이다.

아들은 그 동안 사귀었던 친구들을 방문하여 다음과 같이 말을 하였다.

"여보게, 내가 지금 사람을 죽였네. 그래서 그 시체를 지게에 메고 이렇게 찾아왔네. 여보게 나를 좀 숨겨 주게나."

밤이 샐 때까지 아들은 그 동안 사귀었던 수많은 친구들의 집을 방문하였지만, 단 한 군데에서도 문을 열어 맞아들이는 사람이 없었다. 그러자 아버지는 그 돼지 지게를 자신이 멘 뒤, 아들에게 말하였다.

"나를 따라오너라. 내가 진정한 친구를 만나게 해주겠다."

돼지를 멘 아버지는 성큼성큼 앞장서서 한 집을 방문하였다. 문을 두드리자 곧 안에서 한 사람이 나왔다.

"여보게. 새벽에 미안하게 되었네. 다름아니라 내가 지금 사람을 죽였네. 그래서 지금 그 시체를 지게에 메고 왔네. 나와 함께 이 시체를 묻고 나를 좀 숨겨줄 수 있겠나?"

이에 그 아버지의 친구는 두말 없이 아버지를 맞아들였다. 그제서야 아버지는 지게에 멨던 돼지를 잡아 잔치를 벌이면서 다음과 같이 말하였다.
 "네가 평생을 통해 단 한 사람의 친구를 사귈 수 있다면 네 인생은 성공한 것이다."
 좋은 친구를 사귀고 우정을 맺으라는 이 교훈적인 우화가 요즘 내 머릿속에서 떠나지 않고 있다. 과연 어릴 때 읽었던 그 우화대로 내가 죽은 돼지를 메고 그 동안 사귀었던 그 수많은 친구들의 집을 방문한다면, 나를 맞아들여 줄 사람이 한 사람이라도 있을 것인가.
 아니다.
 맞아들여 줄 친구는 커녕 죽은 돼지를 지게에 메었을 때 찾아갈 만한 친구의 집을 과연 몇 집이나 떠올릴 수 있을 것인가.
 지금까지 나는 수많은 사람들을 사귀어 왔다. 친교를 곧잘 맺는 붙임성 때문인지 사람들과도 금방 사귀고 또 많은 사람들에게서 덕을 입곤 했었다. 무슨 난관이 있어도 어디선가 반드시 도와주는 사람이 나타나곤 해서 인덕이 있는 편이라고 스스로도 장담해 왔었다.
 젊었을 때는 수많은 선배들을 만났으며 또 친구들을 사귀고, 나이가 들어서는 나를 형이라고 부르는 고마운 후배들을 사귈 수 있었다. 그러나 내게는 이상한 결벽증이 있었다. 사람과 친해져서 하루라도 못 보면 못살 것 같은 우정의 열징이 연애 감정처럼 솟구쳐올라도 곧 마음 한 구석에서는 부질없다, 부질없는 일이라고 이를 부정하는 마음이 자리잡곤 했었다.

단 하나의 친구
●

일찍이 그리스의 철인 아리스토텔레스는 우정에 대해서 다음과 같이 말하였다.

'사랑을 받는 것보다 사랑을 하는 곳에 우정은 존재한다. 또한 우정은 반드시 선 속에서만 존재하는 것이다. 왜냐하면 악한 사람들 속에서도 우정이 존재하는 것처럼 보이지만, 이는 이익이라도 얻을 수 있을 때만 그렇게 보이는 것이다. 서로가 기쁨과 즐거움을 함께 느낄 수 있는 우정을 맺기 위해서는 반드시 선한 사람이 되지 않으면 안되는 것이다.'

내가 좋은 친구를 얻기 위해서라면 아리스토텔레스의 말처럼 내가 먼저 사랑을 베푸는 좋은 친구가 되어주어야 할 것이다.

그러나 과연 내가 그러했던가.

내가 과연, 내 친구가 돼지를 지게에 메고 찾아와 살인죄를 저질렀으니 함께 시체를 묻고 숨겨달라고 부탁하였을 때 이를 선뜻 받아들일 수 있는 그런 사랑의 마음을 갖고 있었던가.

결국 내가 좋은 친구를 하나도 갖지 못하였다는 것은, 내가 그 누구에게도 좋은 친구가 되지 못한 외톨이라는 것을 스스로 증명하는 것이다.

그러나 나는 알고 있다. 소위 친구라는 미명하에 저희들끼리 떼지어서 술을 마시고, 서로의 인연으로 사교를 하여 이익을 추구하는 것이 과연 올바른 우정이라고 말할 수 있을 것인가.

그런 의미에서 나는 부처의 다음과 같은 경구를 좋아한다.

사람들은 자신의 이익을 위해 벗을 사귀고
또한 남에게 봉사한다.
오늘 당장의 이익을 생각하지 않는
그런 벗은 만나기 어렵다.
자신의 이익만을 아는 사람은 추하다.
무소의 뿔처럼 혼자서 가라.
소리에 놀라지 않는 사자와 같이
그물에 걸리지 않는 바람과 같이
흙탕물에 더럽히지 않은 연꽃과 같이
무소의 뿔처럼 혼자서 가라.

혼자서 밥을 먹는 것은 고독한 일이다. 언젠가 이어령 선생님으로부터 프랑스에 유학갔을 때 가장 고통스러웠던 것은 혼자서 밥을 먹는 일이었다는 말을 전해 들은 적이 있는데, 이선생님은 오죽하면 예수도 붙잡혀서 십자가에 못박히기 전날 밤 제자들과 최후의 만찬을 벌였겠냐고 날카롭게 지적한 일이 있었다.
  지난 겨울, 두 달 가량 혼자서 청계산을 오르내리면서 누군가 함께 밥을 나눠먹는 친구가 한 사람쯤 있었으면 좋겠다고 생각했던 적이 있었다. 밥 나눠먹는 친구쯤이야 어디 없을까

단 하나의 친구

마는, 나는 시간에 매달리지 않은 자유인이고 대부분의 친구들은 회사에 매달린 직장인이라 서로 타이밍이 맞지 않아 혼자서 점심을 먹곤 했었다.

아무리 무소의 뿔처럼 홀로 가라는 부처의 말이 옳다고 해도 혼자서 점심을 먹는 일은 참으로 우울한 일이었다. 그러다가 막상 산행 중에 우연히 옛 친구를 만나서 가끔 함께 산을 오르내릴 때가 있는데, 그럴 때면 오히려 갑갑하고 왠지 자유를 속박당하는 것 같은 느낌을 받곤 했었다.

26세로 요절한 일본의 시인, 이시카와 다꾸보구(石川啄木)의 시 중에 다음과 같은 구절이 있다.

벗들이 모두 나보다 훌륭하게 보이는 날,
이날은 꽃을 사들고 집으로 돌아와 아내하고 노닌다.

26세의 젊은 나이로 죽은 젊은 시인이 어찌 그런 마음을 눈치챌 수 있었을까. 요즈음의 나는 아내에게서 내가 평생을 통해 사귄 단 하나의 친구와 같은 우정을 느끼고 있다.

'무소의 뿔처럼 혼자서 가라'고 부처가 말하였지만 무소의 뿔은 코뿔소의 외뿔이 아니라 두 개의 뿔이 아닌가. 그렇다면 아내는 나와 같이 한 쌍을 이룬 두 개의 뿔 중의 하나가 아닌가. 부부간의 인연을 말한 다음과 같은 유머가 있다.

"부부는 20대에 서로 사랑으로 살고, 30대에는 서로 정신

없이 살고, 40대에는 서로 미워하며 살고, 50대에는 서로 불쌍해서 살고, 60대에는 서로 감사하고 살다가, 70대에 이르러서는 서로 등을 긁어주며 산다."

이 재치있는 유머가 사실이라면 우리 부부는 이제 서로 불같이 사랑하고 정신없이 살고, 미워하며 사는 단계를 지나 이제는 서로가 서로를 불쌍해서 측은하게 바라보며 사는 마지막 단계에 이르게 된 것이다.

그러나 과연 그러할까. 어릴 때 읽은 그 교훈적인 동화의 내용처럼, 내가 평생을 통해 얻은 단 하나의 친구라고 믿고 있는 아내가, 어느 날 죽은 돼지의 시체를 지게에 메고 사람을 죽였다고 고백한 다음 함께 시체를 묻고 나를 숨겨달라고 하였을 때 과연 나를 남편으로 맞아들여 숨겨줄 수 있을까. 마찬가지로 나 또한 아내가 똑같이 사람을 죽였다고 고백해 온다면, 선뜻 아내를 받아들이고 아내를 위해 그 시체를 파묻어 주고 생사를 함께 할 수 있을 것인가.

아아, 어쩌면 인간은 자신 말고는 단 하나의 친구조차 존재하지 않는 유아독존의 괴로운 존재일지도 모른다.

아아, 참으로 알고도 모르겠구나. 참으로 쉽고도 어렵구나. 사람은 어디서부터인지 모르는 곳으로부터 와서, 어디로인지 알 수 없는 곳으로 홀로 떠나가나니. 도대체 나에게 있어 나는 누구인가.

단 하나의 친구
●

평화의 전사

며칠 전 치과에 들렀다가 집으로 돌아가던 길에 올림픽 도로 위에서 앞서 가던 차의 뒷유리창에 붙여진 스티커를 보았다.
워낙 잇몸이 나빠서 얼마 안 있으면 이빨을 몽땅 빼고 틀니를 할 수밖에 없는 비참한 경우라, 고등학교 동창생인 최성근의 치과가 있는 화곡동까지 나는 일주일에 두 번씩 꼬박꼬박 오가던 참이었다.
그날도 황혼이 물드는 한강을 따라 집으로 돌아오는 중이었는데, 정체되어 있는 잠수대교 근방에서 문득 앞차의 뒷유리창에 붙여진 스티커를 보았던 것이다.
스티커에는 다음과 같은 문장이 씌어 있었다.
'가정은 지상의 천국.'

무심코 그 글을 읽다 말고 나는 갑자기 가슴이 철렁 내려앉는 느낌이었다. 너무나 당연한 말이면서도 과연 그러한가. 오늘날 우리들의 가정이 정말 그대로 지상의 천국인가, 하는 강렬한 의문점이 내 마음을 사로잡았던 것이다.

 어렸을 때부터 유난히 가족을 사랑하셨던 아버지의 영향을 받고 자란 나로서는 자연 가족에 대한 사랑이 강한 편이다. 내 나이 열 살때 돌아가신 아버지는 밤마다 가족들만의 오락회를 열 만큼 가정적이셨으며, 어린 나를 데리고 〈톰소여의 모험〉이라는 어린이 영화를 볼 만큼 다정다감하셨다. 어린이 영화를 보면서도 아버지는 눈물까지 흘리셨을 정도로 감정이 풍부하셨다. 가족 중의 누군가가 하나 잘못하면 아버지는 서로서로에게 키스하는 서양식 교육 방법도 사용하셨다. 또한 아버지는 아이들에게 절대 칭찬을 아끼지 않으셨다. 아이들에 대한 칭찬은 유별나서 변호사였던 아버지가 속해 있던 법조계에서 아버지의 자식 자랑은 소문날 정도였다.

 때문에 우리 형제들은 우애가 깊은 편이다. 특히 큰누나를 중심으로 뭉칠 때면 마피아적 가족애로 똘똘 뭉쳐졌다. 어릴 때 받은 이런 영향 때문인지 나 역시 가정이야말로 인간에게 가장 소중한 곳이 아닐까 생각해 왔었다. 하느님을 믿기 전에도 나는 '가정이야말로 하느님이 주신 꽃밭'이라고 감히 말해 왔으며, 《샘터》에 벌써 이십 년 이상 연재하고 있는 연작 소설의 제목 역시 〈가족(家族)〉이고 보면 철들기 전에도 가정의 소중함, 가정의 신성함을 인식해 온 것 같다.

　언제였던가.

　용인 자연농원이 처음 생겼을 무렵이니 아마도 지금으로부터 십오륙 년 전쯤 되었는가 싶다. 겨우 걷기 시작하였던 도단이 녀석과 딸 다혜를 데리고 아내와, 당시 새로 나온 포니 차를 한 대 사서 재벌이나 된 기분으로 자연농원으로 놀러간 적이 있었다. 아마 그때 나는 나이 서른서넛쯤 된 풋내기 아버지였을 것이다.

　도단이에게는 젖병을 물리고 다혜에게는 과자를 나눠주느라고 바쁜 아내와 나를 물끄러미 바라보던 중년의 여인 하나가 혼잣말로 다음과 같이 중얼거렸다.

　"한 아이는 업고 한 아이는 젖을 안아서 먹이느라고 바쁘지만 지금이야말로 행복하지. 암, 가장 행복한 때이고 말고."

　그때 무심코 그 얘기를 들은 나는 의아해서 물었다.

　"도대체 무슨 얘기십니까?"

　내가 정색을 하고 묻자 그 여인은 대답했다.

　"지금은 설명해 줘도 모를 거예요. 이 다음에 내 나이가 되보슈. 그럼 자연 알게 될 테니까."

　그땐 무심코 들었던 말이었는데, 아내나 나나 우연히 들었던 중년 여인의 그 얘기를 둘 다 지금도 똑같이 기억하고 있는 것을 보면 무척 인상적이었던 것 같다. 아마도 그때 그 중년 부인의 나이가 지금의 우리 부부의 나이가 아니었던가 싶다. 그 부인의 예언처럼 이제서야 가정이 지상의 천국이면서도 그 천국을 이루기가 얼마나 힘든 것인지, 가정이 하느님이 주신 꽃밭이면서도 그 꽃밭을 가꾸기가 얼마나 힘든 것인지 알 것만 같다.

간혹 아내와 둘이서 두 아이를 키우던 지난 일들을 회상해 볼 때가 있는데 정말 어떤 기적적인 일들을 행한 것 같다. 어떻게 인생에 대해서 아무것도 모르던 철부지들이 두 아이를 키워왔는지, 마치 아슬아슬한 서커스의 줄타기를 보는 느낌인 것이다. 보이지 않는 하느님의 섭리가 없었더라면 우리 부부는 아이들을 이만큼이라도 키워내지 못하였을 것이 분명하다. 쉰 살이 넘은 지금에 와서야 가정이 얼마나 소중한 곳인지, 가정의 평화가 얼마나 어려운 일인지 절실하게 느껴지는 것이다.

현대의 비극은 가정이 파괴되고 황폐해지는 데 있다. 미국에서는 두 사람 중에 한 사람이, 유럽에서는 세 사람 중에 한 사람이, 한국에서는 일곱 사람 중에 한 사람이 결혼 평균 10년만에 이혼하여 가정이 파괴된다고 통계는 말하고 있다.

그뿐인가. 이미 우리 나라 가정 주부들 중 두 명 중의 한 사람은 뱃속의 아이를 죽이는 인공 중절을 서슴지 않고 행하고 있다. 인류의 비극은 가정의 파괴에서부터 출발한다. 이혼은 핵전쟁보다 더 무서운 살상력을 지닌다. 뿐 아니라 어머니가 스스로 뱃속의 아이를 죽이는 수술은 일종의 존속 살인이며, 결국 이로부터 생명 경시의 세기말적인 현상이 증폭되고 있는 것이다.

사회가 건강하기 위해서는 무엇보다 가정이 건강해야 한다. 가정은 인간에게 있어 가장 작은 공동체이며, 또한 가장 소중한 삶의 도장(道場)이며, 수도원이다.

그런데 이 거룩한 가정이 파괴되는 또 하나의 중요한 이유는, 가정은 마땅히 천국이며 평화로운 곳이어야 한다는 그릇된 고정 관념이다. 사람들은 가정은 마땅히 평화롭고 조용한 곳이어야 한다고 생각하며 그것만이 정상적인 가정이라고 주장하는 것이다.

그러나 가정은 평화를 이루는 곳이지 평화 그 자체는 아니다. 경쟁이 치열한 오늘날의 사회에서 가정이야말로 상처받은 가족들의 몸과 마음을 치료할 수 있는 마지막의 보루이며, 단 하나의 응급실인 것이다. 따라서 가정은 화가 나면 엉엉 울고, 때로는 고함을 지르고 싸우며, 스트레스가 있으면 토해내어 서로가 서로를 위로하는 격렬한 격전장이지, 그저 조용한 침묵만을 강요하는 정숙한 도서관이 되어서는 안되는 것이다.

얼핏 보면 조용하고 무사해 보이는 가정이 독재적인 강압의 위협으로 겉으로는 평온해도 안으로는 썩어가는 독재 국가의 증후군과 같은 곳인지도 모르며, 분명히 문제가 있음에도 불구하고 서로 웃고 거짓 웃음을 나누는 가정은 거짓 평화를 가장하고 있는 일종의 사교장일지도 모르는 것이다.

아내는 가정 안에서 남편을 향해 마음 속의 불만을 모두 털어놓을 수 있는 자유가 보장되어야 한다. 아버지도 자식들 앞에서 울 수 있어야 하며, 잘못하였으면 마땅히 아이들 앞에서 무릎을 꿇고 용서를 빌어야 한다. 아이들도 화가 나면 아버지에게 잘못을 따지고 분명하게 이를 지적할 수 있는 언론의 자유가 보장되어 있어야 한다. 아이들도 자신들의 스트레스를 가족과의 대화를 통해 마음껏 풀 수 있어야 한다. 피로한 가장 때문에 정작 해야 할 말을 하지 못하고 듣기 좋은 말만 골라 하는 가정이 있다면 이는 병든 가정이다. 사랑하는 가족, 사랑하는 내 가족들이기 때문에 잘못이 있으면 충고하고 이를 바로잡기 위하여 온 가족이 총력전을 펼치는 싸움터가 바로 가정인 것이다.

그러므로 가정은 평화를 이루는 전쟁터이지, 멋진 말들과 공식적인 미소와 외식과 일주일에 한 번씩 여성지에 나오는 각종 체위를 골라 실행으로 옮기면서 마치 의무 방어전을 펼치는 권투 선수처럼 포르노 배우와 같은 섹스를 나누는 파티장이 곧 가정은 아닌 것이다.

멀리 찾을 필요가 없다.

나 역시 사랑이라는 명목 아래 아들 녀석에게 얼마나 많은 폭력을 행사하였던가. 남보다 조금 더 돈을 벌어 아내와 아이들을 먹이고 있다는 그 잘난 공명심 하나로 나는 보이지 않게 아이들을 학대하고 아내를 고문하였었다.

모든 가정에서 일어나는 폭력은 전쟁보다 더 참혹하다. 왜냐하면 가정은 평화로운 곳이라는 위장된 속성 때문에 폭력이 사랑의 매로 둔갑할 가능성이 가장 많은 곳이므로. 모든 가정에서 지금도 일어나고 있는 고문은 이근안 경위의 고문보다 더 잔인하다. 왜냐하면 부모에 의해서 자행되는 고문은 그 고문에 무방비 상태로 노출된 아이들에게 깊은 상처만 줄 뿐 절대 밖으로 드러나지 않으므로.

모든 가정에서 지금도 벌어지고 있는 무관심의 폭력은 르완다의 기아보다 더욱 비정하다. 수많은 부모들이 이런 말을 하고 있지 않은가.

"내 아들이 그러하다니요. 내 딸이 밖에서 감히 그런 일을 하다니요. 그런 나쁜 짓을 하다니요. 잘못 보셨겠지요. 우리 아이들은 그런 나쁜 아이들이 아니랍니다."

그들은 마땅히 사표를 내야 한다.

부모의 무관심은 부모로서의 의무를 포기하고 있는 일종의 직무유기이므로. 우리들의 자식은 우리들의 것이 아니라 하늘로부터 내려온 존엄하고 신성한 하나의 인격체이다. 우리들 부모는 다만 그 존엄하고 거룩한 아이들을 맡아서 기르는 탁아소의 보모에 지나지 않는 것이다. 우리들의 아이들이야말로 바로 하느님이며, 곧 부처님이다.

'가정은 지상의 천국.'

우연히 올림픽 도로 위에서 앞에 가는 차의 뒷유리창에 내어걸린 표어를 바라보면서 나는 이렇게 생각하였다.

'맞습니다. 가정이야말로 지상에 있는 천국입니다. 그러나 그 천국은 격렬한 사랑의 싸움으로 이뤄내야 하는 곳입니다. 조용한 가정은 실상 따지고 보면 천국으로 가장된 지옥일지도 모릅니다. 사회로부터 존경받기는 쉽습니다.

그러나 아이들로부터 존경받는 아빠가 되기는 하늘의 별따기보다 어렵습니다. 남으로부터 인정받는 사람이 되기는 쉽습니다. 그러나 자신의 아내로부터 인정받는 남편이 되기는 낙타가 바늘구멍으로 들어가기보다 더 어려운 길입니다.'

그렇다. 예수는 우리에게 이렇게 말하고 있다.

'복되어라. 평화를 이룩하는 사람들이여.'

예수의 말대로, 가족은 우리들의 가정을 평화롭게 이룩해야 할 의무를 지닌 평화의 전사들인 것이다.

핀업걸과 엄마의 스프

제2차 세계대전 때에 있었던 일이다. 전쟁에 참가하였던 젊은 병사들의 사기를 올려주기 위해 어떤 방송국에서 병사들에게 똑같은 질문을 던졌다고 한다. 참호 속에 들어가서 적진을 향해 총을 겨누며 언제 죽을지 모르는 절박한 불안에 떨고 있는 병사들에게 '지금 가장 원하는 것이 무엇이냐'고 물었다고 한다. 방송국에서는 그 대답을 미리 예측하고 있었다.
 한창 혈기왕성한 젊은 병사들이니 당연히 '성욕'이라는 대답이 나올 줄 알았다는 것이었다는 것이었다..
 젊은 병사들은 대부분 당시 한창 인기있던 '마릴린 먼로'라든가 '리타 헤이워드' 같은 여배우들의 수영복 입은 사진들을 가슴 속에 품고 다니거나 자신의 사물함에 붙여 두고 있었기 때문이었다. 이처럼 젊은 병사들이 좋아하는 여배우를 '핀업걸'이라고 부르는데 이는 핀으로 여배우의 사진을 벽에 붙여 놓는 데서 비롯된 이름이었다.

 그러나 젊은 병사들의 대답은 전혀 뜻밖이었다. 병사들은 한결같이 '어머니가 만들어 준 따뜻한 스프'를 먹고 싶다는 것이 제일의 소망이라는 대답을 했던 것이었다. '어머니가 만들어 준 따뜻한 스프 한 그릇'이 마릴린 먼로에 대한 욕망보다도, 실컷 잠을 자고 싶은 수면의 욕구보다도 우선한다는 것이었다.

 사람들은 누구나 엄마의 젖을 먹고 자라는 것으로부터 식욕을 배워나간다. 요즈음엔 엄마의 젖보다도 엄마가 타 준 우유를 먹고 자라는 식성에 길들여져 보다 달콤하고 보다 자극적인 인스턴트 식품에 탐닉하는 추세라고 하지만 어쨌든 사람들은 어렸을 때부터 엄마가 만들어 주는 밥, 엄마가 만들어 주는 빵, 엄마가 만들어 주는 국, 엄마가 만들어 주는 김치에서부터 맛을 배워나가는 것이다. 이 맛에 대한 기억이야말로 인간에게 가장 깊은 근원적인 향수인 모양이다.

 2차 대전에 참가했던 젊은 병사들이 '엄마가 만들어 준 따뜻한 스프 한 그릇'을 가장 원하고 있다고 대답하였던 것을 보면 사람과 사람의 관계에 있어 음식이 주는 이미지야말로 가장 강렬한 모양이다.

 S사에서 발간한 책 중에서 20년 내내 백만 부 이상 팔려 장기 스테디셀러가 된 《노란 손수건》이란 책 속에도 감동적

인 장면이 하나 나오고 있다. 〈숲 속의 휴전〉이란 작품 속에는 1944년의 크리스마스 전날 밤, 독일과 벨기에의 국경에 있는 휴르트겐 숲 속의 오두막집에서 실제 일어났던 이야기가 나오고 있는 것이다.

그날 밤 미군 병사들이 문을 노크한다. 미군은 그때만 해도 적군이었음에도 불구하고 받아들인 그 집의 주인인 나의 어머니는 이들을 손님으로 맞이한다. 그런데 문제는 곧이어 독일 군인 네 명이 노크를 하고 집으로 쳐들어온 것이다.

"우리들은 부대를 잃었습니다. 날이 밝을 때까지 이 집에서 쉴 수 있을까요?"

독일군 하나가 부탁을 하자 어머니는 '되고말고요' 하고 받아들인 후, 이렇게 말을 하는 것이다.

"그러나 미리 말해 둘 것이 있습니다. 안에는 지금 손님이 있습니다. 그 손님은 미국 군인입니다. 제 말을 잘 들어보세요. 여러분들은 내 아들들입니다. 저 안에 있는 미국 군인들도 내 아들입니다. 오늘 밤만은 이 집에서 사람 죽이는 일은 치웁시다."

그리하여 그날 밤 그 오두막집에서는 기묘한 크리스마스의 성찬이 벌어지는 것이다. 독일군과 미군이 서로의 상처를 치료해 주면서 그 어머니가 만들어 주는 따뜻한 스프를 나눠먹고 어머니의 제안에 따라 모두 함께 문 밖으로 나가서 밤하늘에 뜬 '베들레헴'의 별을 함께 찾아보는 것이다. 다음 날 아침

두 적군들은 각자 다른 길로 사라지는데 그들이 사라지자 어머니는 마태복음 2장 12절을 읽는다.

'……하느님의 지시를 받고 다른 길로 각자 자기 나라에 돌아갔다.'

이 감동적인 실화 속에서도 미군과 독일군은 엄마가 만들어 주는 스프를 나눠먹으면서 비로소 한 형제 한 가족임을 깨닫는 것이다.

이처럼 무엇을 나눠먹는다는 일이야말로 하찮은 일인 것처럼 느껴지지만 실은 하루 중에 가장 신성한 일이며, 엄마가 만들어 주는 음식이야말로 인간을 한 가족으로 묶어 주는 소중한 끈인 것이다.

지난 3월, 도단이 녀석이 미국으로 떠났다. 졸업반인 4학년에 이르기 전에 미국에서 일 년간 어학 연수를 하기 위해서 LA로 떠난 것이다. 한 번도 집을 떠나 살아본 적이 없는 녀석이 벌써 미국으로 떠난 지 3개월이 넘어가는데 그 동안 무엇을 하고 지내는지 통 알 수가 없다. 이따금 전화를 통해 들려오는 목소리가 생기에 가득 차 있어 안심은 되지만 똘똘 뭉쳐 함께 살던 우리집에서 도단이가 빠져나가자 왠지 집안이 텅 빈 것 같은 느낌이다.

그런데 참 이상한 일이다. 도단이가 미국으로 떠나버리자 집안이 텅 빈 것 같은 느낌이 드는데 아들녀석의 존재가 가슴 속에서 절실하게 느껴지지 않는 것이다. 스스로 생각해도 내가 감정이 메마르거나 무딘 편이 아닌데 정다운 아들이 일 년 동안 먼 외국에서 혼자 떨어져 살고 있는데도 어째서 가슴에 와닿는 그리움 같은 것이 없을까 하고 이상하게 느껴지는 것이다. 어째서 그럴 수가 있을까. 난 곰곰이 생각해 보곤 하였다.

이따금 홀로 아들녀석이 쓰던 방에 들어가 본다. 성격이 깔끔한 도단이의 방은 떠나던 그대로 깨끗하게 정리되어 있는데, 녀석이 쓰던 물건, 녀석이 보던 책을 보아도 별로 실감이 들지 않고 있는 것이다. 그래서 일부러 아들녀석이 입던 옷을 골라 입기도 하였다. 아들녀석은 나보다 덩치가 크고 키도 크지만 스웨터 같은 것은 사이즈가 문제되지 않아 수월하게 입을 수 있는데 그 옷을 입어도 그런가 보다 하고 무덤덤해 지는 것이다.

그런 나에 비하면 아내는 거의 매일같이 도단이를 그리워하면서 지내고 있다. 아들녀석이 쓰던 방의 침대에서 매일 밤 자면서 이따금 눈물을 질질 짜기도 한다. 아내가 도단이를 그리워할 때면 나는 좀 미안해진다. 가족을 버리고 출가한 수도자도 아닌 내가 왜 이럴까 하고 스스로 자문해 보기도 한다.

아내가 도단이를 제일 그리워할 때는 대부분 먹는 것과 관련되어 있을 때이다. 아내는 아침을 먹을 때는 도단이가 지금쯤 저녁을 먹고 있을 거라고 생각하고 목이 멘다. 제대로 먹고 있는지, 기숙사에서 밤낮 햄버거 같은 것이나 먹고 있는 것이 아닌지, 아내가 밥답게 먹는 것은 저녁뿐인데 그때는 도단이가 잠에 빠져 있는 시간이니 마음이 놓인다는 것이다. 도단이가 좋아하는 음식을 만들어 먹을 때면 아내는 눈에 눈물이 글썽글썽 고인다. 어쩌다 국제 전화가 걸려오면 그 비싼 통화의 대부분을 먹는 이야기로 다 채워버린다.

뭘 먹느냐. 밥은 해 먹느냐. 한국 음식이 그립지 않느냐. 찬밥을 먹는 게 아니냐. 먹을 게 없어서 그냥 굶고 자는 게 아니냐. 꼬박꼬박 세끼는 먹고 있느냐. 체중이 빠지지는 않았느냐.

그럴 때면 나는 2차 대전에 참가했던 병사들이 '엄마가 만들어 준 스프 한 그릇'을 가장 소망하고 있다는 사실을 새삼스럽게 떠올리곤 한다.

세상의 모든 엄마들이 자식들과 깊게 연결될 수 있는 그 근원적인 원인은 엄마가 음식을 만들어 주고 자식들은 그 음식을 통해 성장을 하고 사랑을 깨달아 나가고 있기 때문이 아닐까.

'사랑'이란 거창한 것이 아니다. 사랑이란 가족에게 이 세상에서 가장 맛있는 음식을 만들어 주고 싶어하는 모든 엄마들의 소망과 같은 것이 아닐 것인가. 때문에 아버지의 사랑이 모든 어머니들의 사랑보다 절실하지 못한 것은 아버지들의 사랑이 엄마들처럼 가족들과 밥을 먹거나 목욕을 해주거나, 빨래를 해주는 직접적인 일상사와 격리돼 있기 때문이 아닐까.

　며칠 전 아침에 외출하려고 집을 나서다 문득 나는 현관에 놓인 구두 한 켤레를 보았다. 그 구두는 도단이가 신고 다니던 신발이었다. 요즈즘의 아이들은 대부분 발이 커서 신발이라기보다는 무슨 항공모함 같은 구두 한 켤레가 그곳에 놓여 있었다. 젊은이들간의 유행인 군화 스타일의 구두인데 그 신발을 보자 갑자기 뭉클 하는 그리움이 가슴에서 떠오르는 것을 느꼈다.
　'보고 싶다.'
　나는 그 구두를 보면서 3개월 만에 가장 절실하게 아들에 대한 그리움을 느꼈다. 아침마다 신발을 신고 나갔다가 밤이면 돌아와 벗겨지던 아들녀석의 구두 한 켤레.
　그날 밤 나는 아들녀석에게 편지를 썼다.
　'도단아.
　엄마는 밥을 먹을 때마다 너를 생각하고 눈물을 글썽거린다. 그런데 오늘 아침 집을 나서다가 문득 네가 벗어둔 구두를 보니 네가 집에 없다는 사실이 새삼스럽게 느껴지고 이 세상에 하나뿐인 내 아들 도단이가 그리워지는 것을 느꼈단다.'
　요즈음 나는 집을 나가고 들어올 때 아들의 구두를 물끄러미 쳐다보곤 한다. 아들은 평생 처음으로 가족과 떨어진 외국 생활의 고독을 건강하게 이겨내고 보다 멋진 청년으로 성장하여 언젠가는 돌아와 이 구두를 신을 것이다. 그리고 아내는 그 도단이를 위해서 밥을 짓고 국을 만들고 고기를 구울 것이다.

그때까지 내 아들 도단아. 금강석처럼 단단한 청년이 되어, 설산(雪山)에서 돌아오는 부처님처럼 돌아오거라. 광야에서 돌아오는 예수님처럼 돌아오거라.

꽃피고 새 우는 집

누구든 어렸을 때부터 가족들이 모여앉으면 손벽을 치면서 이런 노래를 불렀을 것이다.

즐거운 곳에서는 날 오라 하여도
내 쉴 곳은 내 집 뿐이리
꽃피고 새 우는 집 내 집 뿐이리

이 노래의 제목은 〈스위트 홈〉이던가.
그러나 나는 이 노래의 가사를 들을 때마다 과연 그러한가 하고 반문해 보곤 한다.
정말로 내 집은 그렇게 즐거운 곳인가.
정말로 우리들의 집은 편안히 쉴 수 있는 곳인가.

과연 우리들의 집은 꽃피고 새가 울고 있는 것일까.
나는 그렇게 생각지 않는다.
만일 우리들의 가정이 '꽃피고 새 우는 집'이라면 모든 가정은 그야말로 평화를 이루고 있을 것이다. 그러나 우리들의 가정은 대부분 병들고 상처를 입고 있다.
인간들의 모든 상처는 대부분 가정에서부터 비롯된다. 특히 학교에 입학하는 일곱 살 때까지 사람들은 모든 것을 가정 속에서 배우며 자라난다. 심리학자들은 모든 인간들의 인격은 세 살 전후에 이미 80퍼센트 정도까지 형성된다고 하는데 그렇게 보면 가정은 인간의 인격과 성격을 창조하는 가장 중요한 장소인 것이다.
그러므로 가정은 '사랑'이 충만한 곳이여야 한다. 사랑을 받고 자라난 사람만이 남을 사랑할 수 있다. 사랑도 전염과 같아서 사랑하는 사람에게서 우리는 사랑을 배워 나간다. 사랑도 하나의 훈련이며 훈련을 통해서 우리는 사랑하는 방법을 터득해 나간다. 사랑이 전염된다면 증오도 전염된다. 서로 증오하는 부모에게서 아이들은 증오를 배워 나간다. 때문에 모든 가정의 최대의 비극은 이혼이다. 이혼은 결혼을 한 당사자들의 비극일 뿐 아니라 아이들에게는 하늘에게로부터 받은 재앙이다.
결손 가정은 아이들에게 깊은 상처를 준다. 이것은 하나의 살인 행위와 같다. 우리들은 살인과 같은 범죄를 사회악으로 단죄한다. 그러나 이혼의 행위가 아이들을 죽이는 살인임을 부모들은 모르고 있다. 살인이 사회악이라면 이혼은 아이들을 살해하는 가정악이다.

마찬가지로 우리들은 폭력을 증오한다. 폭력을 살인과 더불어 우리는 사회악이라 규정한다. 그러나 모든 가정에서 일어나는 폭력은 사랑이라는 이름으로 위장된다. 아버지는 아이들을 잔인하게 폭력한 후 이렇게 말한다.

"나는 너의 못된 버릇을 고쳐주기 위해서 사랑의 매를 들었다."

그러나 모든 매들은 부모들의 감정적 처사이다. 그들은 자신의 분풀이로 아이들을 선택한다. 아이들은 만만하고 가장 가까이에 있는 속죄양이다. 때문에 아이들은 폭력 앞에 가장 가깝게 노출되어진 대용물이다. 남편을 증오하는 아내는 아이들에게 남편을 의식하고 때리고 언어로서 폭력한다. 그리고 나서 이렇게 말한다.

"다시는 그렇게 하지 말어. 내가 널 때린 것은 다 네가 잘 되라고 그런 거니까."

직접 손으로 때리거나 매를 사용하지 않아도 부모들은 말로 아이들을 윽박지르고 고문하며 언어에 의한 폭력을 행사한다.

"다시 한 번 그러면 죽여 버릴테야."

"한 번만 더 그러면 손을 부셔놓아 버릴테니까."

"한 번만 더 그러면 밥을 주지 않을테야."

모든 부모들은 자신들의 아이를 향해 죽음에 이르는 살인과 폭력을 행사하고 있으면서도 죄의식을 느끼지 않는다. 왜냐하면 자신들은 아이들을 사랑하고 있다고 착각하고 있기 때문인 것이다. 이런 그릇된 사랑이 우리들의 가정을 지배하고 있다. 그럼에도 불구하고 우리들의 가정은 여전히 '스위트 홈'이며 '꽃피고 새 우는 즐거운 집'인가.
　모든 아버지들은 조용한 집을 원한다. 아버지들은 아내의 잔소리도 없고 그저 편안하게 쉴 수 있는 휴게실이 가정이길 원한다. 그러나 분명히 말해서 우리들의 가정은 안마 시술소가 아니며 목욕탕의 휴게실도 아니다.
　'아빠는 피곤하다. 그러니 너희들은 조용히 해라.'
　이러한 요구는 아이들에게 아빠를 도서관의 직원으로 생각케 하고 거리를 만든다. 모든 아내는 남편이 듣기 좋은 말만 강요당한다. 진짜 하고 싶은 말은 침묵으로 강요당한 채 아내들은 화대를 받는 창녀들처럼 아양을 떨어야 한다. 이것 역시 독재자의 폭력과 같은 것이다. 독재자들이 언론을 검열한 행위는 민중들의 입을 막아 놓는 행위인데 모든 가정에서도 이와 유사한 언론 검열이 시행되고 있다.
　이것 역시 가정에서 일어날 수 있는 폭력 중의 하나인 것이다. 가정은 평화를 이루는 곳이지 평화로운 곳은 아니다. 가정은 이 모든 가족이 힘을 모아 꽃피고 새 우는 곳을 만들어 가는 곳이지, 저절로 꽃이 피고 새가 우는 곳은 아니다. 가정은 듣기 싫은 말이 난무하며 올코트 프레싱의 격전장이어야만 한다. 가정은 가족의 모든 불만과 가족의 스트레스를 모두 토해 놓은 쓰레기장과 같은 곳이다.

아이들은 상처받은 마음을 가정에서 보상받아야 한다. 아이들은 마음놓고 가정 속에서 울어야 한다. 아내들은 모든 이야기를 다 할 수 있어야 한다. 런던의 하이드 파크에 가면 누구든 나와서 무슨 이야기든 제멋대로 떠들 수 있는 장소가 하나 있다. 가정도 이와 같아야 한다. 직장에서 지친 남편이 자신의 스트레스를 마음놓고 풀 수 있는 곳, 그런 권리와 자유가 보장된 곳, 그 곳이 바로 가정인 곳이다.

소도(蘇塗).

옛 삼한 시대때 우리 나라에서는 소도라는 이름의 신단(神壇)을 만들었다. 이곳은 신성한 곳이기 때문에 그 누구도 범접지 못하였다. 심지어는 도둑이 도망치다 이곳으로 숨어들어도 들어가 잡지를 못하였다.

우리들의 가정은 '소도'이다.

이곳은 신성한 곳이며 하느님께 제사 지내는 성역이다. 이곳은 우리의 피난처이며 귀신도 침범할 수 없는 신단이다. 아이들은 이 신성한 곳으로 내려온 우리들의 손님들이다.

칼릴 지브란은 이렇게 노래하였다.

당신의 아이는 당신의 아이가 아니다.

그들은 그 자체를 갈망하는 생명의 아들딸이다.
그들은 당신을 통해 왔지만 당신으로부터 온 것이 아니다.
그리고 그들은 당신과 함께 있지만 당신의 소유물이 아니다.
당신은 그들에게 사랑을 주어도 좋지만 당신의 생각을 주어서는 안된다.
당신은 그들의 육체는 당신 집에 두어도 좋지만 정신을 가두어서는 안된다.
그들의 정신은 당신이 방문할 수 없는 내일의 집에 살지 당신의 꿈 속에 사는 것이 아니기 때문이다.
당신은 그들을 좋아하기 위해서 애써도 좋지만 그들이 당신을 좋아하도록 요구해서는 안된다.
인생은 뒤로 가는 것이 아니며 어제는 머물러서는 안되기 때문이다.
당신은 살아 있는 화살인 당신 자녀들을 앞으로 나아가게 하는 일이다.

그렇다.
가정이야말로 꽃피고 새 우는 이 지상의 낙원이다. 그러나 이 낙원을 이루기 위해서는 우리 모두가 십자군(十字軍)전사가 되지 않으면 안될 것이다.

장모님, 우리 어머니

옛말에 변소와 처갓집은 집에서 멀리 떨어져 있을수록 좋다는 말이 있다. 그만큼 처갓집, 그 중에서도 장모가 성가신 존재라는 의미를 지닌 속담인 것이다. 마찬가지로 사위는 '백년 손님'이라는 속담도 있는데, 오죽하면 이런 말도 있지 않은가.

'남편 밥은 누워서 먹고, 아들 밥은 앉아 먹고, 사위 밥은 서서 먹는다.' 이렇듯 불편한 장모와 사위의 관계도 서양에 비하면 약과다. 서양에서는 제일 꼴보기 싫은 사람으로 '장모'를 꼽는데, 오죽하면 모차르트도 잔소리 심한 장모의 목소리를 묘사한 아리아까지 작곡했을까.

결혼한 지 30년이 다 되어가는 내게는 장모님이 한 분 계신다.

장인 어른이야 결혼 전에 돌아가셨으니 얼굴도 뵌 적이 없지만, 장모님은 올해로 일흔이 되셨다. 그러나 솔직히 말해서 나는 지금까지 한 번도 장모님이 싫다고 생각해 본 적도 없고 잔소리꾼이라고 생각해 본 적도 없다.

결혼 전에 장모님은 사윗감으로 나를 탐탁하게 여기지 않으셨던 것 같다. 그야 입장을 바꿔보면 섭섭하기는커녕 당연한 일이었다고 나는 생각한다.

결혼할 때 나는 군대에서 갓 제대하고 복학한 26세의 학생이었다. 장래성도 불투명한 녀석에게 애지중지한 딸을 빼앗겼으니 장모님은 원통하고 억울하고 분하셨을 것이다. 은근히 예쁜 딸자식 두어서 사위 덕 좀 보려는 생각이야 왜 없으셨겠는가. 부잣집 아들은 아니더라도, 나이가 차이 나고 안정된 직장에 성격이 좋은 사위를 두고 싶다는 생각은 어머니로서 당연한 심정이었을 것이다. 그런데 동갑은 커녕 7개월이나 나이 어린 사위에다가 그것도 학생, 직업은 글쟁이니, 장모님은 딸 하나 키워서 사기꾼에게 도둑맞았다고 생각하셨을 것이다.

그러나 어찌하겠는가. 이미 딸년은 그 도둑놈에게 몸도 마음도 다 빼앗겼으니, 그저 죄라면 딸 둔 죄밖에 없으셔서 가슴을 치면서 원통해 하셨을 것이다.

난 지금도 기억한다. 장모님과 첫번째 만났을 때도 난 점수를 따지 못했었다. 그때가 1969년 한겨울이었던 것으로 기억한다. 제대를 앞둔 병장이었던 나는 아내와 심각한 연애에 빠져 있었다. 그때 아내는 청량리 밖 이문동에서 살고 있었다.

눈이 많이 내린 밤이었는데, 나는 아내와 데이트를 하다가 밤늦게 아내의 집까지 바래다 주기 위해서 이문동까지 함께 갔었다. 난 술에 잔뜩 취해 있었고, 그래서 집에 들어가려는 아내를 붙들고 '조금만 더, 조금만 더' 하고 시간을 끌며 떼를 쓰고 있었다. 그 당시 여자를 유혹하는 방법 중에 통행 금지 시간까지 못 들어가게 하는 방법이 유행하고 있었는데, 내가 아내에게 떼를 썼던 것은 그런 치사한 수법 때문은 아니었다. 믿거나 말거나 맹세하건대, 내일이면 휴가가 끝나서 새벽같이 귀대해야 하는데 조금이라도 더 아내와 함께 있고 싶어 투정부리고 있었기 때문이었다.

그러다가 우리는 통행 금지 시간을 넘겨버렸다. 그 당시를 살아본 사람은 알겠지만 바로 코앞이 집이라 해도 통행 금지 사이렌이 울리면 꼼짝도 못하게 되어 있었다. 할 수 없이 우리는 싸구려 여관에서 밤을 새울 수밖에 없었다(이 부분에 관한 한 미성년자 관람 불가. 또한 청소년은 모방하지 마세요).

어찌어찌해서 날은 밝고 귀대 시간이 급박한 나는 아내와 택시를 타고 시내로 나올 수밖에 없었는데, 공교롭게도 U턴을 해서 차를 돌리는 순간 당시 고등학교 학생이었던 처제가 택시에 탄 아내의 뒷모습을 본 것이었다.

그렇지 않아도 집에 들어오지 못한 언니가 걱정스러웠던

처제는 이른 새벽 언니가, 그것도 군복을 입은 사람과 택시에 나란히 탄 모습을 본 순간 학교고 뭐고 집으로 뛰어 돌아가서 장모님에게 울면서 이렇게 소리쳤다는 것이다.

"엄마, 언니가 공산당에 납치당했어."

당시에는 각 집마다 전화가 귀했으니 연락도 취할 수 없었고, 딸이 안 들어와 밤새도록 걱정하신 장모님은 그 길로 파출소에 달려가 간첩 신고를 했다던가 말았다던가.

어쨌든 이로써 본의 아니게 간첩이 된 나는 집으로 돌아온 아내를 고문한 장모에게 마침내 정체를 발각당하게 된 것이었다.

그로부터 며칠 뒤 나는 아내로부터 심각한 전화를 받았다. 장모님이 나를 한 번 봐야겠다는 전화였다. 드디어 올 것이 왔구나 하고 나는 생각했다. 이문동에 있는 외대 앞 무슨 2층 다방에서 만나기로 했는데 나는 솔직히 두렵거나 무섭지 않았다. 군발이(?)에다가 장래 불투명한, 트위스트 김 닮은 양아치이긴 했지만, 야심이 만만한 청년이었으므로 '비록 지금은 그렇다 하더라도 내게 딸자식을 시집보내는 일은 절대 손해보는 일이 아닙니다' 하고 자신있게 말할 수 있었기 때문이다. 또한 싫으면 어찌하겠는가. 이미 내 여자가 되었으니 무르려면 무르시라지 하는 똥배짱 같은 마음으로, 형이 입던 신사복을 빌려 입고 나는 약속 장소로 나갔었다.

나는 지금도 선명하게 기억하고 있다. 내 모습을 본 장모님

장모님, 우리 어머니

은 너무나 한심하고 한심해서 기가 막힌 표정으로 까무러치기 직전이었다. 나는 그러한 장모님의 모습이 이해가 가지 않았다. 내가 어때서 저러실까. 비록 까무잡잡하고 키도 작은 몰골이지만, 아 박정희 대통령보다야 훨씬 잘생긴 얼굴이 아닌가.

장모님은 내게 이렇게 물었던 것으로 기억된다.
"도대체 뭘 먹고 살 작정인가."
난 그때 이렇게 대답했었다.
"산 입에 거미줄이야 치겠습니까."

유들유들한 내 모습에 장모님은 손을 들어 따귀라도 치실 표정으로 나를 노려보셨다. 그러다가 커피도 마시지 않으시고 그대로 다방을 나가버리셨는데 난 정말 '장모님이 왜 저렇게 화를 내실까, 이만하면 절대로 후회하지 않을 사윗감인데' 하고 어리둥절한 느낌이었다. 아내만이 장모님을 따라 밖으로 나갔다가 쏜살같이 내 곁으로 돌아와서는 자존심이라도 상해 상심했을까 내 눈치를 살폈는데, 내 장점 중의 하나가 그럴 때 별로 상처를 입는 성격이 아니라 난 이렇게 대답했던 것으로 기억된다.

"당연하지 당연해. 만약에 우리가 결혼해서 딸자식을 낳았을 때, 나 같은 녀석한테 시집간다고 그러면 나라도 그 자식 다리 몽둥이를 부러뜨려 놓을 테니까."

결혼할 때 누구든 반대하면 그 감정이 평생을 간다던데, 나

작은 마음의 눈으로 사랑하라

는 한 번도 장모님에게 유감을 느껴본 적이 없다. 30년이 흐른 지금까지 난 장모님을 싫어해 본 적도 없다. 내 어머니가 돌아가신 지 10년이 되었으니 내겐 장모님이 단 하나 남은 어머니로만 느껴지고 있을 뿐이다.

젊은 시절, 나는 장모님이 오시거나 말거나 아내와 부부 싸움을 곧잘 했었다. 평생 큰 소리를 한 번 들어보지 못하셨던 장모님은, 싸움만 했다 하면 소리를 고래고래 지르는 내 목소리가 무서워 슬그머니 도망치시곤 하셨다.

결론적으로 말하면 나는 요즈음 장모님이 참 좋다. 장모님은 잔소리도 심하지 않고 그저 나를 위해 주신다. 아들딸들에게 신세지기 싫으셔서 분당의 한 아파트에 홀로 사시는 장모님은 요즈음 관절염이 악화되셔서 걸음걸이가 불편하시다. 지난번 미국에 갔을 때 '간호사 신발'이라는 것을 한 켤레 사다드렸더니, 오실 때 가실 때 그 신발을 신고 이렇게 말씀하신다.

"자네가 사다 준 신발을 신으니 발이 참 가벼워, 고맙네."

장모님은 마흔둘에 과부가 되셔서 30년 동안 홀로 살아오셨다. 며칠 전부터 우리집에 와 계신데, 난 저녁이면 장모님과 이런저런 얘기를 나눈다. 나이가 들면서 느껴지지만, 부모자식간의 우정도 서로 노력하고 가꿔 나가야만 열매 맺는 것이라는 느낌이 들고 있다. 나는 요즈음 아이들과도 우정을 날마다 새롭게 다져 나가려고 노력하고 있다. 장모님도 마찬가

장모님, 우리 어머니

지여서, 그냥 아내의 엄마로만 머물러 있을 때 장모님은 내게 낯선 타인이 되어 버리는 것이다.

텔레비전을 보다가 무슨 음악회에서 가요가 나오자 장모님이 작은 소리로 노래를 부르기 시작하셨다.

"사랑을 팔고 사는 꽃바람 속에······."

나는 장모님의 목소리를 따라 노래를 합창하기 시작했다.

"홍도야 우지 마라. 오빠가 있다. 아내의 나갈 길을 너는 지켜라."

장모님은 무슨 장모. 비록 내가 장모님의 자궁에서 나온 것은 아니지만, 그 장모님이 열 달 동안 뱃속에 잉태하였다가 탯줄을 끊고 나온 딸과 함께 살고 있으니 장모님이야말로 내 오마니인 것이다. 오마니, 장모 엄마. 시큰시큰한 그 오른쪽 다리가 아프시더라도 자꾸 몸을 움직여 오래오래 우리 가족과 더불어 살아 계셔서 어머니의 소원대로 다혜가 손자 낳고, 도단이가 장가가서 손주 낳는 모습을 지켜보십시오.

작은 마음의 눈으로 사랑하라

목욕탕의 추억

최근에 나는 구한말의 선사(禪師), 경허(鏡虛)에 관한 《법어집(法語集)》을 즐겨 읽고 있다. 그는 1849년에 나서 1912년에 죽은 우리 나라 선가(禪家)의 가장 마지막 맥을 잇고 있던 유명한 화상(和尙)이다.

그가 살아 생전 아무것에도 걸리지 않는 무애행(無碍行) 생활을 하고 있을 때였다. 하루는 경허 스님이 자신의 어머니를 위하여 법문(法門)을 한다고 온 대중을 모아들일 것을 내외에 전하였다.

유명한 고승의 법회라 수많은 대중들이 모여들었고 경허 스님은 시자(侍者)에게 어머니를 모셔 올 것을 분부하였다. 시자가 그 뜻을 어머니에게 전하며 큰스님으로 존경을 받고 있는 아드님의 법회에 가시기를 권하였고, 그 어머니 되시는 할머니는 자신의 아들인 경허가 어머니인 자신을 위해서 특별한 법문을 설한다고 하니 기뻐서 그 즉시로 옷을 갈아 입고 대중이 모여 있는 큰 방에 들어가 향을 피우면서 정성을 다하여 경의를 표하였다.

그때 경허 스님은 묵묵히 앉아 있다가 어머니를 위한 특별 법문을 한다고 말하면서 벌떡 일어나 옷을 벗기 시작하였다. 그리고 완전히 벌거벗은 나신이 된 후 어머니 앞에 서서 다음과 같이 말하였다.

"어머니 저를 보십시오."

할머니는 무슨 심오한 설법을 자신을 위해 해줄 줄만 알고 크게 기대하고 있다가 이 해괴한 짓을 보고 크게 노하여 소리치면서 말하였다.

"도대체 무슨 법문이 이럴 수가 있단 말인가."

그리고는 법석(法席)을 박차고 나가 자기 방으로 들어가 굳게 문을 닫아 버렸다. 어머니를 위한 특별 법문을 기대하고 있던 여러 대중들은 이 뜻모를 해프닝에 넋이 나가서 모두들 벌거벗고 버티고 선 큰스님을 멍하니 쳐다볼 뿐이었다. 아연한 회중들에게 경허 스님은 크게 웃으면서 다음과 같이 말하였다.

"저래 가지고 어찌 남의 어머니 노릇을 할 수 있단 말인가. 내가 아주 어렸을 때는 이 몸을 벌거벗기고 씻기며 안고 빨고 하시더니 지금은 어찌 그리 못하실 것인가. 아들인 내가 그때의 나와 무엇이 달라졌단 말인가."

 기상천외의 이 해탈법문(解脫法門)에 관해서 자세한 설명은 없다. 다만 미뤄 짐작하건대 아들 경허는 예나 지금이나 다름없이 어머니를 어머니로 보고 벌거벗은 것인데 어머니는 경허 스님을 더 이상 아들로 보지 않고 하나의 다른 성인으로 보아 그의 벌거벗은 몸에서 수치와 분노를 함께 느낀 것이다.

 변한 것은 아무것도 없다. 어머니는 여전히 어릴 때의 어머니요, 아들은 여전히 벌거벗어 씻기며 안고 물고 빨고 하시던 어릴 때의 그 아들이다. 어린 아들을 벌거벗겨 씻길 때는 아무런 수치를 느끼지 않았음에도 어찌 같은 아들인 경허 스님의 나신 앞에서는 수치와 분노를 느낄 수 있단 말인가.

 어머니와 아들의 모자 관계는 예나 지금이나 변함없이 같건만 달라진 것은 아들을 대하는 어머니의 '마음'이 달라진 것이다. 아들인 경허 스님은 어머니를 변함없이 어머니로 생각하여 벌거벗었건만 어머니는 더 이상 경허를 아들로 생각지 않았던 것이다. 그를 아들이라고 부르고 있던 것은 그저 하나의 혈연일 뿐 마음 속으로는 아들을 다른 하나의 외간 남자로 생각하고 있었던 것이다. 이러한 허구를 경허 스님은 수많은 대중들이 모인 법당 안에서 스스로 벌거벗음으로써 충격을 가해 우리의 낡은 인식의 허물을 벗기려 하였던 것이다.

 경허 스님은 어머니에게 이러한 말을 듣기 원함이었으리라.

목욕탕의 추억

"애야, 여기가 어디라고 벌거벗느냐. 감기 들겠다. 어서 옷 입어라."

경허 스님은 어머니에게 벌거벗겨 주고 목욕을 씻기며 물고 안고 빨아 주시던 어린 날의 기억을 되살리고 싶었던지도 모른다.

내게도 경허 스님과 같은 추억이 있다. 마흔 살이 넘는 중년의 나이에도 어머니를 떠올리면 나를 벌거벗겨 목욕시켜 주고 때를 밀어 주고 물고 안아 주시던 어린 날의 기억이 떠오른다. 요즈음엔 특히 어머니와 함께 목욕하던 장면들이 자주자주 떠오른다.

내 어렸을 때 목욕은 하나의 사치였다.

학교에서 신체 검사 하기 전날이나 위생 검사 하기 전날이나 더운 물을 한솥 데워다가 부엌 한쪽 구석에 쭈그리고 앉아서 목욕하는 것이 고작이었다. 그럴 때면 어머니는 한 구석에 앉아서 연탄불로 데운 더운 물을 아껴 가면서 더운 물에 찬물을 알맞게 섞어 내가 앉은 양푼 속 물이 식지 않으라고 이따금씩 쏴아아 쏴아아 부어 주곤 하셨었다.

지금도 기억난다. 부엌의 60촉짜리 알전구 불빛은 잔뜩 흐린 데다 더운 김이 부옇게 스며들어 부엌은 안개가 낀 듯 희미하였었다. 유리문 바깥으로는 겨울 바람이 덜컹거리고, 이따금씩 부엌 천정으로는 쥐들이 우르르 우르르 떼지어 달려가곤 하였었지. 한기가 들지 말라고, 한기가 들어 감기 걸리지 말라고 어머니는 더운물을 데우는 솥에서 바가지로 물을 퍼서 내 등에 흠뻑 뿌려 주곤 하였었다. 어디서 구해 오셨는지 때를 미는 깔깔이 수건으로 무슨 웬수나 진 듯 내 등을 빨래판처럼 박박 밀어 대곤 하였었다.

그럴 때면 때가 까맣게 묻어 나오곤 하였다. "아이구야. 아이구야. 사람 죽이네." 내가 짜증을 내며 소리를 지르곤 하였었지. 때를 벗기는 게 아니라 가죽을 벗겨 내는구나. 살갗을 벗겨 내는구나. 얼마나 세게 밀었으면 살갗이 벗겨져 내려 가벼운 찰과상이라도 입었을까. 때를 벗기고 나서 더운물을 부어 내리면 온 살갗이 아리고 쓰라렸었지.

그래도 막무가내였다. 어머니의 손은 막무가내도록 때를 벗기고 사타구니를 씻어 내렸었지. 어쩔 수 없이 고추가 빳빳해지면 어머니는 소리가 나도록 엉덩이를 찰싹 때리곤 하였었지. 그러면 제풀에 가라앉곤 하였었다.

목욕이 끝날 무렵이면 어머니는 화단에 물 주던 물뿌리개를 가져와서 그 속에 더운물과 찬물을 알맞게 섞어 넣어 들고 내 머리를 빨랫비누로 박박 감기기 시작하셨다. 그 독한 양잿물로 머리를 감고 또 감았는데도 아직까지 대머리가 안되었다는 것은 참 이상한 일이에요 어머니. "아이구야. 아이구야. 사람 죽인다." 머리통을 이리 쑤시고 저리 긁고 손톱을 세워 벅벅 문지르면 나는 아이구 아이구 비명을 지르곤 하였었다.

그런 뒤에 함석으로 만든 물뿌리개에서 알맞게 데운 물이

쭈르르르 쏟아질 때의 그 기쁨이란, 채송화에 봉숭아에 물 주던 그 함석 물뿌리개로 머리를 감을 때 비눗물을 씻어 내리는 그 지혜를 어디서 배우셨을까. 어머니는 오가는 길거리에서 열려진 이발관 문틈으로 이발사 아저씨들이 사용하시던 그런 수법들을 눈여겨 봐 두셨다가 내 머리를 감겨 주실 때 써먹어 보신 것일까.

목욕이 끝난 뒤 물뿌리개로 내 머리를 헹궈내실 때, 마치 총정리하시듯 나를 일으켜 세운 뒤 내 어깨와 머리 위에 물뿌리개로 물을 정결히 부어 내릴 때면 그것은 마치 목욕이라기보다는 차라리 전쟁이 끝난 뒤 평화를 느끼게 하는 단비와도 같은 느낌이었다. 그렇다. 어머니는 채송화와 봉숭아에 물을 주듯 내 몸에 물을 주어 나를 자라게 한 것이다.

그런 날 밤이면 잠이 얼마나 맛있었는지, 잠은 꿈보다 달고 꿈은 죽음보다 깊었다. 잠결에 손을 내복 사이로 집어 넣어 배꼽을 가만히 만져 보기도 하였었다. 언제나 때가 끼어 꺼칠꺼칠하던 배꼽은 셀로판지처럼 매끄럽고, 겨울이면 터지고 터져 언제나 글리세린을 바르던 손등도 그날 밤에는 매끄러운 옥수(玉手)였었다.

아주 드물게 나는 어머니와 둘이서 동네 목욕탕에 가기도 하였었다. 지금은 흔한 목욕탕이 그땐 왜 그리도 멀던지. 목욕 한 번 갈려면 어머니는 북만주로 이주를 떠나는 유랑민처럼 세숫대야에 비누, 수건들을 가득 담아 들고 먼 길을 떠났

작은 마음의 눈으로 사랑하라

었다.
　나는 알고 있었다. 그 세숫대야 속에는 간단한 빨랫가지도 들어 있음을. 어머니는 간혹 목욕탕에서 창피를 당하곤 하셨는데 공짜로 뜨거운 물을 펑펑 쓸 수 있어 간단한 빨랫거리들을 목욕탕으로 가져가 몰래 빨곤 하시다가 목욕탕 주인에게 들키곤 하였었기 때문이다.
　그런데도 어머니는 목욕탕에 가실 때마다 여전히 빨랫거리들을 암시장에 나가는 쌀장수처럼 몰래 숨어 갖고 들어가시곤 하셨었다. 남의 눈치가 보이면 내게 옷을 대여섯 개 껴입게 하셨는데 그것은 내가 감기 걸릴까 걱정되어서가 아니라 빨랫감을 들고 가기보다 입혀 가시는 게 편하기 때문이었다. 나는 목욕탕에 갈 때면 으레 대여섯 개의 윗도리에 대여섯 개 정도의 바지와 내복을 껴입곤 하였었다.
　목욕탕 가는 길에도 어머니는 쉴 새 없이 내게 주의를 주었었다.
　"너 몇 살이지?"
　"아홉 살."
　"초등학교 몇 학년?"
　"3학년."
　나는 중학교 들어갈 때까지 어머니를 따라 여탕에 들어갔다. 정확히는 기억되지 않는데 초등학교 4학년 때부터인가 열 살 이상부터인가. 그때부터는 목욕비를 반값이 아닌 온 값

목욕탕의 추억
●
177

을 모두 받는 것이어서 나는 초등학교 6학년이 되도록, 나이가 열세 살이 되도록 언제나 초등학교 3학년에 언제나 아홉 살이었다. 다행스럽게도 참으로 다행스럽게도 나는 키가 작고 성장이 더디 성장이 멈추어 버린 난쟁이와 같았다. 우리는 어떻게 해서든 목욕탕 문을 지키고 있는 무서운 주인의 눈을 속여야 할 필요가 있었던 것이다.

나는 참 치사했다. 어린 나이에도 참 치사했다. 난 정말 내가 비록 키가 작아 난쟁이 같았지만 내 나이 그대로 말하고 내 학년 그대로 말하여 어엿한 성인 대접을 받고 싶었다. 목욕비 반값과 목욕비 온 값의 차이는 정말 작은 액수에 지나지 않는다. 그 작은 돈을 아끼기 위해서 거짓말을 하고 또 하고, 목욕탕 주인 앞에 다가갈 때는 무릎을 낮추어 키를 더 작게 하고 일부러 어린애처럼 손가락을 빨곤 하였었지.

"너 몇 살이지?"
"아홉 살."
일부러 어린애 같은 목소리로.
"몇 학년?"
"3학년이요."
일부러 재롱을 떨면서.
지금은 어머니를 이해할 수 있다.
어머니가 내게 나이를 속이고 학년을 속이게 한 것은 꼭 목욕비를 아끼기 위해서가 아니라 성인값을 낼 때에는 더 이상 어머니를 따라 여탕에 들어갈 수 없으므로, 나를 분가시켜 남탕으로 보내지 않고 어린아이 그대로 머물게 해서 언제까지나 자신의 곁에 머물게 하고 싶은 애정 때문이었다는 것을.

그러나 그 당시에는 참으로 부끄럽고 창피하였다. 운 좋게 목욕탕 주인의 눈을 피해 탕 안으로 들어갈 수 있었다 해도 여탕에 들어가면 이번에는 벌거벗은 여인들이 흘깃흘깃 나를 쳐다보다가 어떤 여인들은 노골적으로 어머니에게 항의를 하곤 하였었다.

"애가 몇 살이에요?"
"아니 왜요?"
"앤 어린애가 아닌 것 같은데."

여인들은 본능적으로 아이와 어른의 눈을 구별해 내는 영감이 있는 모양이다. 맹세코 나는 중학교 일학년 때까지 성에 눈뜨지 못하였었다. 어머니를 따라 여탕에 들어가도 그저 그뿐이었다. 일부러 새초롬히 뜨고서 몰래몰래 여자들의 몸을 훔쳐 보는 짓거리는 절대로 하지 않았다. 그런데도 여인들은 내 모습에 민감하였다. 그도 그럴 것이 아무리 키가 작아도 초등학교 6학년 아이를 3학년으로 절반이나 뚝 떼어 속일 수가 있겠는가.

"애가 왜 어린아이가 아니에요?"

어머니는 일부러 나를 일으켜 세워 보이곤 하였다. 아아, 그때 내 벌것벗은 몸으로 쏟아지던 여인들의 매서운 시선의

목욕탕의 추억

화살들.

"애, 너 몇 살이냐?"

목욕탕 주인과는 비교가 되지 않는 여인들의 날카로운 질문. 수건으로 부끄러운 곳을 가리고서 나를 문초하던 그 여인들. 지금은 모두 할머니가 되었을 그 아가씨들은 뭐가 부끄러워 나를 그토록 미워하였을까.

"아, 아홉 살이요. 아, 아홉 살이요."

그러할 때 나는 내가 그녀들과 다른 신체적 구조를 가졌다는 것이 얼마나 수치스러웠던지. 허락된다면 가위로 싹둑 그 부분을 잘라 버리고 싶었었다.

한 번 목욕탕에 가면 얼마나 진을 빼었던지. 어머니는 그곳에서 빨래도 하고 뜨거운 물 속에 대여섯 번 들어갔다 나오시고, 어떨 때는 욕탕에 드러누워 아예 잠까지 주무셨다. 그래서 목욕탕에서 나올 때면 손이란 손은 모두 쭈글쭈글 수분이 빠져 나와 한꺼번에 늙어 버리고 발가락도 퉁퉁 불어 버리곤 하였었다.

나는 지금도 기억한다. 어머니는 욕탕에 들어가실 때마다 수건으로 배 부분을 가리셨다. 언제나 그러하셨다. 어머니가 그러시는 것은 부끄러운 곳을 가리는 다른 여인들과는 다른 행위였다. 다른 여인들은 부끄러운 곳만 가렸지 어머니처럼 배 전체를 가리시지는 않았다. 나는 왜 어머니가 같은 여인들에게도 자신의 배를 가리고 싶었던가를 잘 알고 있다. 어머니의 배는 배가 아니다. 그것은 터지고 찢기고 꼬매고 상처난 걸레 조각이었을 뿐이었다.

어머니는 3남 3녀의 우리들을 낳으셨다.

그뿐만이 아니다. 낳자마자 죽어 버린 쌍둥이와 어렸을 때 돌아가신 누이까지 합하면 아홉 명의 아이들을 배고 또 낳으셨다. 야구팀을 짜도 될 만한 숫자의 아이들을 그 작은 몸으로 배고 낳으셨던 것이다. 그러니 그 배가 성할 리가 없다. 한 번 아이를 배었다 낳으면 그 팽팽했던 흔적이 균열을 일으켜 보기 흉한 자국을 남긴다. 이런 고통이 평생을 두고 어머니에게 이어져 내려오신 것이다.

하나의 아이가 그 뱃속에서 자라고 나오기까지 어머니의 배는 얼마나 찢기고 터지고 균열을 일으킨 것일까. 해마다 자라는 나무의 눈금이 나이테를 이루듯 아홉 명의 아이들이 그 배를 나와 태를 끊고 탄생되었다. 그러기까지 어머니의 배는 얼마나 찢기고 터졌을 것인가.

어머니.

어머니와 함께 갔었던 어린 날의 목욕탕 장면이 요즈음 자꾸 머리에 떠오릅니다. 참 그땐 즐거웠었지요. 어머니, 경허 스님이 보여 주셨던 법문처럼 이제 저는 나이가 들어 어머니와 그 어린 날의 목욕탕에 함께 들어갈 수는 없습니다. 목욕탕 주인이 문 앞에서 저를 들여보내지도 않겠지요. 아니 그 목욕탕 주인이 들여보내 준다 해도 이제는 어쩔 수가 없지요.

목욕탕의 추억

어머니는 이 세상에 아니 계시고 나는 아직 이 세상에 남아 있으니까요.

　기억나세요, 어머니. 중학교 일학년 때인가, 그 지긋지긋하던 여탕에서 벗어나 성인으로서의 독립을 선언하던 날, 어머니는 남탕으로 들어가는 내 등 뒤에다 대고 몇 번이고 이렇게 소리치셨지요.

　"꼭꼭 때를 밀어라. 머리는 세 번씩 감고. 물이 뜨겁다고 욕탕에 안 들어가서는 안 된다."

　어머니는 여탕으로 나는 남탕으로 들어간 그 첫날. 어머니는 여탕 쪽에서 이따금씩 내게 이렇게 소리쳤었지요. 그땐 남탕 여탕이 비록 칸막이가 되어 나뉘어 있었지만 허공으로는 통하여 어머니가 소리 지르면 그 소리가 그대로 내 귓가에 그렁그렁 들려왔었지요. 목욕탕 안이 울려 그대로 메아리가 되어 울려 퍼지곤 하였지요.

　"깨깨 씻어라. 깨깨 씻어라. 인호야."(꼭꼭 씻으라는 말의 이북 사투리)

　"알겠어요. 어머니."

　"머리도 세 번씩 감고."

　"알겠어요. 어머니."

　"뜨거운 물에는 들어갔었냐?"

　"들어갔었다구요."

　내가 꼬박꼬박 대답하는 것을 보던, 뜨거운 욕탕에서 하나,

둘, 셋, 넷 하고 천까지 헤아리던 할아버지가 이렇게 말하였었지요.
"네 어머니냐?"
"네."
"극성스럽기도 하구나. 지독한 에미로군."
어머니.
지금도 기억하고 있습니다. 이제 그만 나가자, 하고 소리질러 대는 어머니는 여탕에서 나오시고 제가 남탕에서 나온 그 목욕탕 앞길에는 이미 어둠이 내려져 있었지요. 어머니는 제가 깨깨 때를 씻었나 어쨌나 쭈글쭈글 물기가 빠져 나간 손등을 꼼꼼히 검사하였지요. 어머니, 그때가 참 그리워요, 어머니.

그때 어머니는 웬 떡으로 내게 만두를 사 주었지요. 둘이서 중국집 창가에 앉아서 접시에 나온 만두를 하나씩 둘씩 나눠 먹었지요. 하나 남은 만두를 내게 먹으라고 자꾸 밀어 주셨지요. 어머니, 제가 대견스러워서 만두를 사 주셨나요.

어머니, 나를 열 달이나 그 뱃속에 품으셨다 산고 끝에 낳으셔서 더 찢어지고 더 터진 그 배는 이제 먼지가 되어 썩어 가고 있겠지요. 어머니 그리스도교 초기에 사막에서 살던 난쟁이 교부 요한은 우리에게 이렇게 말하고 있지요.

"죽음이 가까이 있음을 항상 잊지 않기 위해서 이미 죽어 무덤 속에 있는 듯 살아갈 일이다."

어머니.

나이가 들수록 옛일이 자꾸 생각나요. 어머니와 둘이서 그 옛날로 되돌아가 그 옛날의 목욕탕으로 가 보고 싶어요. 목욕탕 주인이 내게 몇 살이냐고 물으면 나는 이렇게 대답할 것입니다.

"아홉 살이에요, 아저씨. 초등학교 3학년이구요."

거짓말하지 말아라

며칠 전 방학 동안에 자란 머리를 개학 전에 깎기 위해서 미장원에 가는 아들녀석을 따라 백화점에 간 적이 있었다. 요즈음 아이들은 전에 우리들처럼 이발관에서 머리를 깎지 않고 미장원에서 머리를 깎는다. 때문에 여자들이 드나드는 미장원 안에까지 따라 들어가기가 뭣하고 해서 나는 아들녀석이 머리를 다 깎고 나올 때까지 백화점 안을 빈둥거리면서 구경하고 다니기로 마음먹었었다. 이리저리 하릴없는 실업자 신세로 기웃기웃거리노라니 한 구석에서 재미있는 구경거리가 벌어지고 있음을 발견하게 되었다.

그것은 즉석에서 손님들에게 가훈을 접수받아 초빙되어 온 서예가들이 그것을 공짜로 써 주고 있는 광경이다. 이를테면 집안의 철학이라고 할 수 있는 가훈을 백화점에서 모셔온 서예가들에게 쓰게 하고는 이것을 받아 액자로 만들어 각 가정의 벽에 붙이게 하는 친절한 서비스를 제공함으로써 백화점의 이미지도 올리고 손님들에게 친절도 베풀려는 일석이조의 고급 전술이었던 것이었다. 나는 수많은 사람들이 접수표 안에 자신들의 집안에서 가훈으로 삼을 만한 내용들을 써서 제출하고 이를 접수한 서예가들은 즉석에서 달필로 이를 써 주는 모습을 우두커니 지켜 보았다.

하나같이 좋은 내용들이었다.

'믿음·소망·사랑'과 같은 성서 구절에다가 '나의 자녀들이 이렇게 되게 하여 주소서' 하는 맥아더 장군의 기도문도 걸려 있었고, '성실', '정직'과 같은 단순한 문구도 벽에 붙어 있었다. 시간도 남고 또 그 좋은 서비스가 공짜였으므로 나도 아이들에게 주어 평생의 생활 철학으로 삼을 만한 문구를 접수시켜 서예가들이 써 주는 가훈을 즉석에서 받아 오고 싶었었다.

그러나 공연히 마음만 급해지고 꼭 한마디로 아이들에게 남겨줄 만한 마땅한 가훈 한 구절이 떠오르지 않고 있었다. 나는 분수가 솟아오르는 광장의 빈 의자에 주저앉아 주문이 밀리는 대로 손길이 바빠지는 서예가들의 붓놀림을 물끄러미 바라보았다.

그래, 좋은 말들이 무슨 소용인가. 사랑이라는 그 좋은 말도 유행가 가사의 전용어가 되어 버린 이즈음 두 아이들에게

작은 마음의 눈으로 사랑하라

평생을 지배할 만한 멋진 가훈 한 마디를 써서 이를 붙이고 밤낮으로 이를 외게 하고 쳐다보게 한들 그것이 무슨 소용이 있으랴. 최고의 좋은 가훈은 모범이다. 성 프란치스코는 다음과 같이 말하였다.

"성인(聖人)들의 일생은 실천된 하나의 복음서이다."

아버지로서 내가 아이들에게 보여 줄 가훈은 달필로 씌어진 가훈이 아니라 성 프란치스코의 말처럼 복음을 행동으로 실천한 일생 그 자체가 아닐 것인가. 가정은 하나의 작은 수도원, 아내와 아이들은 이 수도원에 종신서원(終身誓願)으로 입회하였다. 원장인 내가 그들에게 보여 줄 것은 침묵 속의 모범이다. 실천된 복음이다.

초등학교 4학년 때 돌아가신 아버지는 집안 식구 중의 누군가 한 사람이 잘못을 저지르면 온 집안 식구가 모여 앉아 서로서로의 이마에 뺨에 입맞춤을 하게 하는 유별난 가정 교육을 하셨었다. 어린 나이에도 나는 그것이 참 쑥스럽고 부끄러웠다. 아버지가 우리에게 남겨 주신 가훈은 그 이외는 별로 떠오르지 않는다. 워낙 내가 어린 나이때 돌아가셨으므로 말 상대가 되지 않아서 무슨 감화받을 말씀이나 교훈의 말씀 같은 것을 해주시지 않았는지는 모르지만 아버지는 굳이 형제간에 모여 앉아 서로서로의 얼굴에 입맞춤을 하게 하심으로써 형제간의 우애와 사랑을 강조해 주셨던 모양이었다.

그에 비하면 어머니는 없다. 아무것도 없다. 어머니는 우리에게 무슨 교육적인 말씀이나 교훈적인 말씀 같은 것은 한마디도 하지 않으셨다. 초등학교도 제대로 못 나온 어머니는 자신이 늘 무식하다고 스스로 인정하고 계셨다. 외할아버지가 장안 제일의 부자였지만 여자는 교육을 받을 필요가 없다고 해서 초등학교도 못 나온 어머니는 못 배우시고 아는 것이 없으셨다. 글도 겨우 쓰는 편이셔서 책도 제대로 읽지 못하셨다. 나는 어머니가 책을 읽는 모습을 거의 본 적이 없다. 자식 앞에 부끄러워서 어머니는 언제나 읽는 모습을 숨기셨다. 간혹 책을 읽을 때도 안경을 쓰시고는 노래하듯이 곡조에 맞추어 더듬더듬 읽으셨다.

그러한 어머니가 우리에게 무슨 고상한 훈화를 하셨겠는가. 그러한 어머니가 우리에게 무슨 멋있는 인생 철학을 얘기해 주셨겠는가. 어머니는 우리에게 옛날 이야기도 해주지 않으셨다. 90세까지 장수하다가 돌아가신 외할머니에게는 '무슨 떡 하나 주면 안 잡아먹지' 하는 옛날 이야기를 들은 기억이 있지만 어머니에게서는 아무런 이야기도 들은 기억이 없다.

딱 한 번 그러한 어머니에게서 교훈적인 이야기를 들은 적이 있다. 그 이야기가 요즈음 내 기억 속에 자주자주 떠오르고 있다.

그 언제였던가.

정확한 때는 기억나지 않는다. 아마도 내가 초등학교 4, 5

학년 때였을 것이다. 하루는 어머니가 내게 무슨 이야기를 해 주겠노라고 자청하셨다. 내가 자청하였다고 생각하는 것은 어머니는 도대체 이야기를 졸라봐야 해주실 분이 아니라는 것을 잘 알고 있었던 나였으므로.

나는 그때 약간 놀랐었다.

어머니가 먼저 내게 이야기를 해주시겠다고 말씀하시다니. 나는 어리둥절한 느낌으로 멍하니 어머니를 쳐다보았었다. 어머니는 더듬더듬거리시면서 말씀하셨다.

옛날 서양에 홀어머니를 모시고 살고 있는 착한 아이가 하나 있었다. 그 아이는 배운 것도 없고 가난하였지만 아주 착한 아이였다. 어느 날 그 나라의 임금님이 봄이 오자 말씀하셨다. 그 임금님은 전 국민에게 꽃씨를 한줌씩 나눠 주셨다. 그리고 나서 이렇게 말씀하셨다. 나는 너희들 백성에게 꽃씨를 한줌씩 나눠 주었다. 너희들은 이 꽃씨들을 화분에 심어 잘 가꾸기 바란다. 가을에 가장 아름답고 예쁘게 가꾼 백성에게는 후한 상을 내릴 것이다.

어머니는 참을성 있게 말씀하셨다. 얘기 도중에 나는 그 이야기가 내가 벌써 읽어 알고 있는 내용임을 알아차렸었다. 그것은 내가 며칠 전에 산 《학원》인가 《새벗》인가 하는 책 속에 들어 있는 서양 동화였었다. 어릴 때 나는 지독한 책벌레였었다. 그런데 어머니는 내가 벌써 끝까지의 내용을 다 알고 있는 것을 모르시고 더듬더듬 참으로 재미없게 그 동화를 이야기해 나가고 계셨다. 그러나 나는 차마 어머니의 그 동화를 중간에 끊어 버리고 "엄마, 난 그 동화를 벌써 다 읽었어. 난 그 내용을 다 알아." 하고 뒤엎어 버릴 수가 없었다. 어머니의 표정은 무척 진지하였었다. 어머니의 얼굴은 어떻게 해서든 이 감명 깊은 동화의 내용을 내게 똑같은 감동으로 전해 주어야 한다는 의무감으로 약간 긴장되어 계셨었다.

나는 그제서야 알아차릴 수 있었다.

어머니는 내가 학교에 간 사이에 내 잡지책을 더듬더듬 읽으셨다. 아마도 오랜 시간이 걸려 그 동화를 읽으셨을 것이다. 그리고 나서 아주 감동을 받으셨을 것이다. 그래서 어머니는 생각하셨을 것이다. 이 이야기야말로 아이에게 이야기해 주어야겠다고, 그래서 어머니는 혹시 순서가 바뀌거나 이야기가 중간에 빠뜨려지지나 않을까 염려되어 몇 번을 다시 읽고 외웠을 것이다. 자신이 읽었을 때 느낀 그 감동, 자신이 읽었을 때 느꼈던 그 유익함을 어떻게든 아들인 내게 전해 주어야 한다는 의무감으로 어머니는 긴장하셨을 것이다. 때문에 나는 감히 어머니의 더듬거리는 이야기를 중간에서 가로채어 맥을 끊을 수가 없었다.

"그래서 엄마?"

나는 시치미를 떼고 아주 재미있다는 듯 어머니에게 바짝

다가들어 재촉을 하였다.
"그래서 어떻게 됐어, 엄마?"
이빨이 빠진 구멍과 같은 어머니의 입은 무척 긴장하고 있었다. 마치 외우기 시험을 받는 수험생처럼 몹시 떨리고 있었다. 어머니는 왜 저렇게까지 긴장하시면서 그 동화를 내게 끝까지 이야기해 주시려고 하셨을까. 평소 자신은 무식하고 배운 것도 아는 것도 없다던 어머니가 왜 저렇게 긴장하시면서 동화를 계속하고 계신 것일까.
"그래서 어떻게 됐어, 엄마?"
"……그래서 그 착한 아이도 꽃씨를 받았단다. 그 아이는 정성들여 그 화분에 꽃씨를 심었단다. 착한 아이는 누구보다 꽃을 좋아하고 잘 가꿀 수 있었지. 그래서 자신이 있었단다. 화분에 꽃씨를 심고 물을 주고 햇살이 잘 비치는 양지바른 곳에 화분을 놓고 정성을 기울였단다."
"그랬더니 엄마, 그래서 어떻게 됐어?"
어머니는 돌아가실 때까지 모르셨을 것이다.
내가 그때 재촉하였던 것은 어머니의 얘기가 재미가 있어서가 아니라 벌써 읽어 내용을 다 알고 있는 그 동화의 내용을 다시 듣기가 지루하여 채근하였음을. 그렇다. 어머니는 내 연기에 감쪽같이 속으셨다.
"그런데, 그런데 말이다. 이상하게도 물을 주고 정성을 기울여도 화분에서는 싹이 트지 않더란다. 다른 집 화분에서는 벌써 싹이 트고 잎이 자라고 꽃이 피기 시작하였는데도 그 아이의 화분만은 깜깜 소식이었더란다."

"저런. 왜 그랬을까 엄마?"

(주님. 어린 날의 저를 용서하소서. 제 거짓말을 용서하소서.)

"낸들 그걸 어떻게 알겠니. 그런데도 그 착한 아이는 실망하지 않았더란다. 자신의 정성이 부족해서 그런가 하고 그 소년은 물을 더 주고 거름도 주고 햇살 속에 화분을 놔 주고 갖은 정성을 다했었지. 그런데도 화분에서는 싹이 트지 않았단다. 다른 집 화분에서는 꽃이 아름답게 자라고 향기가 풍겨 나와 벌도 나비도 날아들곤 하였는데도."

(어머니의 멋진 표현은 그녀의 문학적 소양 때문이 아니었다. 어머니는 그 동화 중에서 멋진 표현은 거의 외우시고 계셨다. 어머니의 암기력은 가히 천재적이었으므로.)

"그래서 엄마, 아주 재미있는데……."

마침내 여름이 지나고 가을이 되었다. 그 나라의 임금님은 봄에 약속했던 대로 궁궐에서 나와 전백성들이 모이는 광장에 나와섰단다. 전백성들은 봄·여름에 정성들여 가꾼 아름다운 꽃들을 화분에 담아 들고 나와 있었다. 모든 백성들이 소리 높여 외쳤다. 임금님 만세. 임금님 만세. 임금님은 손수 백성들이 정성들여 가꾼 꽃들을 하나하나 감상하셨단다. 붉고 노란 갖가지 탐스러운 꽃들을 가지고 나온 백성들의 모습을 보면서도 임금님의 얼굴에는 기쁜 표정이 떠오르지가 않았단다. 임금님은 그 아름다운 꽃들을 다 물리치시고 성 안으로 돌아가시려 하였단다.

돌아가시는 도중에 임금님은 골목에 쭈그리고 앉아서 우는 소년을 발견하였다. 그 소년은 일년 내내 물을 주었으나 싹트지 않은 빈 화분을 들고 앉아서 울고 있었다. 임금님이 발을 멈추시고 그 소년에게 물었다. "너는 왜 이곳에서 울고 있느냐." 그러자 그 소년은 엎드려 울면서 말하였단다. "임금님 저를 꾸짖어 주십시오. 저는 임금님이 주신 꽃씨를 받아 물을 주고 정성들여 가꾸었습니다. 그러하오나 저는 꽃을 키우지 못하고 그 꽃씨를 죽이고 말았습니다. 임금님 저를 벌하여 주십시오."

그러자 임금님은 껄껄 소리를 내어 웃으셨단다.

"왜, 왜요. 왜 웃어요?"

"임금님은 그 소년을 자신의 말 위에 태우시고 전백성에게 말씀하셨단다."

잘 들어라. 너희는 모두 거짓말쟁이들이다. 봄에 내가 준 씨는 실은 살아 있는 꽃씨들이 아니라 모두 죽은 씨앗들이었다. 그런 죽은 씨앗에서 어떻게 꽃들이 피어나겠느냐. 그러니 너희들이 키운 그 아름다운 꽃들은 내가 준 꽃씨들이 아니라 너희들이 마음대로 가져다가 키운 꽃들인 것이다. 이 성 안에는 단 한 사람 정직하고 착한 소년이 있었을 뿐이다. 이 소년은 거짓말을 할 줄

몰랐다. 이 소년은 그냥 그 꽃씨를 가꾸고 물을 주고 어떻게든 꽃을 키우려고 노력하였었다. 그렇다. 가장 아름다운 꽃을 키운 백성은 바로 이 정직한 소년 한 사람뿐인 것이다.

이렇게 해서 어머니는 긴 이야기를 끝까지 무사히(?) 끝내시고는 길게 한숨을 내쉬면서 말씀하셨다.
"그 소년과 어머니는 잘 먹고 잘 살았다는 이야기다."
그러면서도 어머니는 정작 하시고 싶은 이야기는 차마 못하셨다. "너도 이와같이 거짓말을 모르는 착한 어린이가 되어라."라든가 "너도 이처럼 마음이 깨끗한 사람이 되어서 눈에 보이는 꽃보다는 눈에 보이지 않는 진짜의 아름다운 꽃을 가꾸어라." 하는 교훈적인 이야기는 차마 못하셨다. 어머니는 그런 멋진 교훈적인 이야기를 하시고 싶어서 동화 이야기를 해주시고도 막상 멋진 훈화는 전혀 못하셨다. 그 어머니의 더듬더듬거리는 동화가 30년이 훨씬 지난 지금에 와서야 새삼스레 기억되어 떠오른다.
어머니, 하루에도 한 번씩은 어머니가 30여 년 전에 들려주셨던 그 동화의 이야기를 떠올립니다. 어머니, 참으로 이상하지요. 사람이 진심으로 하고 싶었던 말들은 나온 그 자리에서 당장 사라져 버리고 어디론가 허공으로 없어져 버리는 것 같지만 실은 언제라도 남아 있는 것입니다. 참으로 그것이 이상하지요. 롱펠로우의 시처럼 어린 날 허공으로 쏜 화살이 먼

훗날 친구의 가슴 속에서 발견되듯이 우리의 삶은 언제나 떠나온 그 자리로 되돌아가는 모양이에요. 어머니. 어머니가 그 어린 날에 들려 주셨던 그 더듬거리는 동화가 요즈음 제 인생의 철학이 되었습니다. 어머니.

어머니가 그날 내게 전하고 싶었던 그 마음의 씨앗이 내 마음의 밭으로 파종되어 싹이 트기까지는 무려 30여 년의 세월이 필요하였던 모양입니다.

"아들아. 너는 거짓말을 하지 말아라. 거짓의 꽃을 키우지 말아라. 허영의 꽃을 키우지 말아라. 허영의 꽃과 거짓의 꽃을 키울 바에는 차라리 빈 화분을 붙들고 울어라. 그것이야말로 진실이다."

어머니, 어머니가 하시고 싶으셨던 말은 이러한 말씀들이었지요. 그것이 다만 표현이 안 되셨지요. 그래서 이렇게 말씀하시고 그 길고 긴 재미없는 동화의 끝을 맺으셨죠.

"그, 그러니까 말이야, 너, 너는 이 착한 아이처럼 거짓말을 하지 말아야 한다. 에또 ……아이구, 벌써 시간이 이렇게 되었구나. 이야기에 정신이 팔려가지구. 저녁짓는 시간도 잊어버렸네. 아이구, 내 정신 봐라."

그렇습니다. 어머니.

그날 해주신 어머니의 그 동화는 어머니가 지으신 '손복녀 복음'의 제1장 제1절입니다. 성 프란치스코님의 말처럼 어머니의 인생은 실천된 하나의 복음서입니다. 그 복음서, '복녀

복음'의 제1장은 이러합니다.

아들아, 너는 거짓말을 하지 말아라. 네 인생을 통하여 거짓과 죄의 씨앗을 심지 말고 거짓과 허영의 꽃을 키우지 말아라. 그리하면 나머지는 알아서 해주시는 아버지 하느님께서 모든 것을 채워 주신단다. 임금님께서 빈 화분을 들고 있는 너를 자신의 말 위에 올려놓고 너의 빈 화분에 진리의 꽃을 가득 채워 주실 것이다.

어머니. 30여 년 전에 내게 해주신 어머니의 동화 이야기가 요즈음엔 하루에도 수 차례 떠오르고 있습니다. 다른 사람들처럼 키워도 키워도 싹이 나지 않는 죽은 씨를 던져 버리고 거짓의 씨앗을 구해다가 거짓의 꽃을 피우지 말고 차라리 빈 화분을 들고 울고 있던 소년이 되어 달라던 어머니의 그 더듬거리던 교훈의 말씀이 요즈음 내 인생의 철학이 되고 있습니다.

어머니.

그러니까 오래 전에 해주신 어머니의 복음(福音)이 먼 바다의 모래사장을 핥는 파도를 넘어 내 심령의 깊은 골짜기에까지 이를 때까지는 무려 30여 년의 세월이 걸린 것입니다. 그때 어머니의 동화를 듣던 초등학교 4학년의 꼬마 아들은 이제 반백의 머리칼을 가진 중늙은이가 되었습니다.

작은 마음의 눈으로 사랑하라

그 동안 얼마나 많은 거짓말을 해왔던가요. 어머니 저는 거짓말의 중독자였습니다. 치유될 수 없는 알콜 중독자나 마약 중독자나 도박 중독자처럼 저는 거짓말의 중독자였습니다. 알콜 중독이나 도박 중독 치유의 출발점은 중독자들이 자신이 바로 그러한 약물이나 습관에 중독되었음을 스스로 인식하는 문제 의식을 느낄 때 비로소 시작되는 것이라고 전문가들은 말하고 있습니다. 알콜 중독자들은 그 누구도 자신이 술의 중독자라고 인식하지 않습니다. 다만 그들은 자신이 남보다 과하게, 양이 지나칠 정도로 술을 마시고 있을 뿐이라고 생각할 따름입니다. 그들은 언제나 마음만 먹으면 술을 더 이상 안 마실 수 있다고 자부심을 갖고 있습니다. 그러는 동안 자신은 서서히 황폐해 가고 몸을 망쳐 가며 집안은 산산조각 깨어지게 마련입니다. 어머니, 전 그들처럼 눈에 보이는 술과 마약과 도박의 중독자는 아니었지만, 그렇기 때문에 더욱 무서운 거짓말 중독자였습니다. 거짓의 씨앗으로 거짓의 꽃을 피우고 그 향기로운 화분으로 으시대고 뻐기면서 전혀 죄의식을 느끼지 못하였던 사기꾼이었습니다.

　최근에 나는 미국의 정신과 의사가 쓴 책을 한 권 읽었습니다. 원제는 《길 없는 여행》이라는 책인데 오래 전 미국에서 베스트셀러가 되었던 책입니다. 내게 영세를 주신 박 신부님이 한번 읽어보라고 추천한 책이었습니다.

　이 책을 읽다가 나는 가슴을 치는 한 구절을 만나게 되었지

거짓말하지 말아라

요. 이 책의 필자는 유명한 정신과 의사로 정신병을 치료하는 임상 과정을 통하여 만날 수 있는 여러 환자의 일상 생활의 여러 문제들을 경험적으로 해결하고 나름대로 분석하는 내용을 책으로 펴내고 있었습니다. 내가 이 책을 읽다가 가슴을 치는 전율을 느꼈던 것은 그 의사가 우리들이 일상 생활을 통하여 무의식적으로 저지르고 있는 거짓말에 관해서 깊은 통찰을 하고 있는 점 때문이었습니다.

그는 거짓말을 두 가지의 종류로 분류하고 있었습니다. 거짓말에는 두 가지 종류가 있는데 그 하나는 '흑색 거짓말'이고 다른 하나는 '백색 거짓말'이라는 것이었습니다. 흑색 거짓말은 자기 자신이 거짓말이라는 것을 분명히 알면서 저지르는 거짓말이요, 백색 거짓말이라함은 무의식적으로, 습관적으로, 죄의식 없이 저질러지는 거짓말이라고 날카롭게 분류하고 있었습니다. 가령 혼전에 다른 남자와 깊은 사랑을 나누었던 여인이 새로운 남자와 결혼식을 올린다고 했을 때, 첫날밤 남편이 아내에게 묻습니다. 나와 결혼하기 이전에 사귀던 남자가 있었느냐고, 있으면 모든 것을 용서해 줄테니 고백해 달라고. 이러할 때 대부분의 여인들은 딱 잡아떼면서 대답할 것입니다. 당신이 내 첫번째의 남자라고. 과거의 비밀은 영원한 마음의 미궁 속에 닻을 내린 채.

물론 그 여인은 거짓말을 하였습니다. 그녀는 자신의 과거를 숨김으로써 영원히 고백되어질 수 없는 비밀의 닻을 내린 것입니다. 그녀는 평생 동안 거짓말로써 사랑하는 남편을 속였다는 죄의식을 느끼면서 살아가게 될 것입니다. 자기 자신이 거짓말을 하고 있다는 사실을 자각하면서도 입을 열어 말하는 거짓말. 이것을 그 의사는 '흑색 거짓말'이라고 집어 말하고 있었습니다. 우리가 흔히 나쁘다고 정의를 내리는 거짓말은 바로 이러한 흑색 거짓말에 해당되는 거짓말을 일컫는 것이겠지요.

그러나 이러한 흑색 거짓말에는 필연적으로 죄의식이 따르고 양심의 가책이 따르기 마련입니다. 상대방을 속였다는 죄책감. 평생토록 입을 열어 말할 수 없는, 용서받을 수 없는 죄를 저질렀다는 슬픔. 이러한 죄의식을 우리들은 신부님께 털어놓고 성사로써 용서는 받을 수 있어도 정작 당사자인 남편에게는 용서받을 수 없는 비밀이 되고 맙니다.

그렇다면 '백색 거짓말'은 무엇인가. 그것은 우리가 흔히 말하는 선의의 거짓말이라고 일컫는 작은 거짓말을 의미합니다.

조금 지난 유머이지만 한때 이런 농담이 유행된 적이 있었습니다.

어린 아들과 아버지가 함께 공동 목욕탕에 갔었습니다. 대부분의 어린아이들은 뜨거운 물에 들어가기를 싫어하는 법입니다. 먼저 뜨거운 물에 들어간 아버지는 어린 아들에게 다음과 같이 거짓말을 합니다.

"들어와, 들어오라니까."

그러자 아들은 머리를 흔들면서 대답합니다.

"싫어, 싫어 아빠. 물이 뜨거워서 싫어."

아버지는 물이 뜨겁지 않다는 것을 강조해 보이기 위해서 이렇게 말합니다.

"뜨겁지 않아. 아, 시원하다. 아, 시원해."

그러자 아들녀석도 만만치 않습니다.

"거짓말. 안 속아, 안 속는다구."

아버지는 마침내 물이 뜨겁지 않고 시원하다는 것을 강조하기 위해서 일부러 물 속에서 일어섰다 앉았다 물을 첨벙거리면서 말을 합니다.

"봐라, 하나도 안 뜨겁다. 아주 시원하단다."

마침내 아버지의 연기에 교묘히 속아 넘어간 아들녀석이 아버지의 꾐에 빠져 뜨거운 물 속에 텀벙 뛰어들어갔다가 "에구 뜨거워라" 소리지르면서 하는 말.

"이 세상에 믿을 놈 하나도 없구나."

'백색 거짓말'이 어떠한 거짓말인가를 단적으로 나타내 보여주는 이 우스꽝스러운 아버지와 아들간의 해프닝은 그러나 실상은 우스꽝스런 코미디가 아닙니다. 백색 거짓말에는 흑색 거짓말과는 달리 죄의식이 없습니다. 농담과 같은 속임수가 있을 뿐입니다. 때문에 백색 거짓말은 유쾌한 농담으로 착각이 될 수도 있습니다. 뿐만 아니라 백색 거짓말은 '선의의 거짓말'이라고 미화되기까지 합니다. 아버지는 비록 아들에게 뜨거운 물을 뜨겁지 않고 시원하다고 거짓말을 하였지만 이것은 아들을 속이기 위해서가 아니라 아들녀석을 깨끗이 목욕시키기 위함이었다고 아버지는 자신의 거짓말을 정당화 시킵니다. 아버지는 죄의식을 느끼기는 커녕 아들을 뜨거운 물로 목욕시켜 아들의 몸을 보호하려 하였다는 자신의 꾀가 들어맞은 것을 자랑스럽게 생각할 것입니다. 그러나 당하는 아들은 아버지와 입장이 다릅니다. 아버지는 아들에게 백색 거짓말을 함으로써 일회의 목욕은 성공리에 끝낼 수 있었는지도 모르지만 아들은 영원히 아버지를 믿지 않게 될 것입니다. 아들의 육신은 뜨거운 물로 깨끗이 때를 불리고 때를 씻어낼 수 있을지는 몰라도 아들의 영혼은 기만당하였다는 슬픔으로 상처를 입을 것입니다.

이 세상에 믿을 놈 하나도 없구나.

아들이 아버지에게 덤벼드는 이 말 한 마디는 단순히 농담 속에 나오는 우스갯소리가 아닙니다. 이것은 절규입니다. 그렇습니다. 이러한 백색 거짓말은 아버지와 아들간에 무서운 불신을 초래합니다. 이러한 예는 비일비재합니다. 우리의 일상 생활은 온통 백색 거짓말의 홍수 속입니다. 어머니는 딸아이를 병원에 데리고 가기 위해서 병원에 가도 절대 주사를 맞지 않을 것이라고 거짓말을 합니다. 속아 넘어간 어린 딸은 병원에 따라갑니다. 이번에는 의사가 딸아이에게 절대로 아프지 않게 주사를 놓겠다고 거짓말을 합니다. 그래서 딸아이는 마지못해 치마를 올리고 엉덩이를 드러냅니다. 그러나 아프지 않은 주사는 없는 법. 딸아이는 어머니와 의사 선생님과 같은 조직적인 집단에게서 지능적인 폭행을 당하는 셈입니다. 딸아이는 치명적인 영혼의 상처를 입지만 거짓말을 한 어머니와 의사는 전혀 죄의식을 느끼지 않습니다. 왜냐하면 어머니는 딸아이의 감기를 고치기 위해서는 어쩔 수 없이 선의의 거짓말을 할 수밖에 없었다고 생각할 것이며, 의사는 의사 대로 주사를 맞히기 위해서는 어쩔 수 없었다고 생각했을 것입니다. 그리하여 두 개의 거짓말이 그 딸아이의 감기를 낫게 하였을지는 모르지만 그 두 개의 합작된 거짓말이 어린 딸의 영혼에 영원히 지워지지 않는 상처를 입히고 마음의 벽에 벽돌 한 장을 쌓게 하였다는 사실은 생각지 않습니다.

얼핏 보면 대수롭지 않게 느껴지는 백색 거짓말이야말로 가장 무서운 습관된 죄악입니다. 죄의식이 따르는 흑색 거짓말은 대부분 비밀의 덫 속에서 영원히 밀봉되기 마련입니다. 그러나 백색 거짓말은 때로는 위트로 때로는 농담으로 때로는 꾀로 나타남으로써 사람간에 무서운 불신을 초래합니다.

나는 이제 알았습니다. 어머니. 왜 아내와 두 아이들이 남편인 나와 아버지인 나를 믿지 않았던가. 그 이유와 원인을 정확히 알게 되었습니다. 그것은 내 백색 거짓말 때문이었습니다. 어머니.

저야말로 거짓말의 중독자였습니다. 저는 누구보다 그럴 듯하게 멋지게 백색 거짓말을 구사할 수 있었던 사기꾼이었습니다. 영화 〈대부(代父)〉를 보면 마지막 장면에 주인공의 아내가 남편에게, "정말로 사람을 죽였느냐"고 묻습니다. 주인공은 거짓말을 합니다. 절대 사람을 죽이지 않았다고. 그 거짓말은 자기 아내의 마음을 편케 하기 위한 거짓말이었습니다. 나도 마찬가지였습니다, 어머니. 아내의 마음을 편하게 하기 위해서, 또 아이들에게 좋은 약이 되어야 한다는 의무감에서 저는 천부적인 작가로서의 재능을 살려 명연기하는 배우처럼 사람을 안 죽였다고, 물이 뜨겁지 않고 시원하다고, 주사는 아프지 않은 것이라는 식의 거짓말만 늘어놓았던 거짓말쟁이였습니다. 어머니.

이제야 알겠습니다. 어머니.

왜 아내와 아이들이 나를 믿지 못하였던가를 알게 되었습니다. 어머니. 그것은 내 탓이오, 내 탓이오, 내 큰 탓이기 때문이었습니다. 그들은 내 백색 거짓말에 조금씩 조금씩 불신의 벽돌을 쌓아 갔었던 것입니다. 아들녀석에게 나는 이렇게 말을 했어야 옳을 것입니다.

이 물은 뜨겁다. 그러나 견딜 만하다. 봐라, 내가 이 물 속에 들어와 있지 않니. 내가 이처럼 뜨거운 물 속에 들어와 있다면 너도 들어와서 견딜 수 있을 것이다. 물론 이러한 대화는 시간이 오래 걸릴지 모르지만 아들의 의지력을 키우고 신뢰를 주게 될 것입니다. 병원에 가는 딸아이에게 나는 이렇게 말해야 했을 것입니다. 병원에 가면 물론 주사를 맞는다. 주사는 분명히 아프다. 그렇지만 그건 잠깐이다. 잠깐 아픈 주사를 무섭다고 안 맞으면 더 많이 더 오래 아플 것이다. 너는 주사를 맞을 수 있다. 봐라, 너보다 더 어린아이도 주사를 맞고 있지 않느냐. 이러한 설득은 시간이 오래 걸리고 짜증스런 일이지만 딸아이를 하나의 인격체로 대함으로써 딸은 마침내 나를 신뢰하게 될 것입니다. 사람을 죽였다는 것이 사실이냐고 묻는 아내에게 할 수 있는 최상의 대답은 솔직히 대답하는 일일 것입니다. 아내의 마음을 편하게 해주기 위해서라든가 가정의 평화를 위해서라는 것은 거짓말입니다. 그보다 가장 중요한 일은 그러한 백색 거짓말을 하는 일도 또한 있는 사실 그대로 사람을 죽였다고 고백하는 일도 둘 다 좋은 일이 아닐 것입니다. 백색 거짓말을 해야 하는 기회 자체를 없애는 일이야말로 최상일 것입니다. 그렇습니다. 제일 좋은 것은 그 영화배우가 사람을 죽이지 않는 일이었겠지요.

어머니.

30여 년 전에 해주신 어머니의 동화 내용이 요즈음 우리집의 가훈으로 되어 있습니다. 아이들과 아내와 우리 가족들은 될 수 있는 대로 백색 거짓말을 하지 않기로 약속하였습니다. 작년 가을이었던가요. 남한산성으로 차를 타고 오르다가 나는 우리 두 아이와 아내에게 백색 거짓말에 대한 나의 느낌을

작은 마음의 눈으로 사랑하라

이야기해 주고 우리 가족들끼리는 절대 거짓말을 하지 말자고 약속하였습니다. 어머니. 아이들이 이 약속을 잘 지킵니다. 물론 완전히 지키는 것은 아니어서 이따금 통지표도 감추고 그러지만 이제 우리는 서로서로의 말들을 완전히 신뢰하고 있습니다. 나도 이따금 원고 청탁 오는 사람들에게 지방에 갔다거나 집요한 텔레비전 출연 요구에는 해외에 갔다거나 하는 백색 거짓말을 하고 있는데 이 거짓말도 나중에는 이렇게 바꾸려고 노력하고 있습니다.

"요즈음에는 원고를 별로 쓰고 싶지 않아서요. 미안합니다."

사람들은 참 이상하지요. 이러한 솔직한 대답에는 승복치 않고 지방에 갔다거나 해외에 나갔다는 거짓말을 해야만 신뢰를 하니까요.

어머니.

어머니가 말씀해 주신 '복녀복음'의 제1장이 요즈음 우리집의 가훈입니다.

아들아, 너는 거짓말을 하지 말아라. 네 인생을 통하여 거짓과 죄의 씨앗을 심지 말고 거짓과 허영의 꽃을 키우지 말아라. 그리하면 나머지는 알아서 다 해주시는 아버지 하느님께서 모든 것을 다 채워주실 것이다. 임금님께서 빈 화분을 들고 있는 너를 자신의 말 위에 올려놓고 너의 빈 화분에 진리의 꽃을 가득 채워

주실 것이다.

그렇습니다. 어머니.
우리가 주 예수님을 믿는 것은 그분이야말로 티끌만한 거짓도 없기 때문이 아니겠습니까. 그분에게는 거짓이 없으므로 우리가 그를 믿고 따르는 것입니다. 그분의 십자가에는 거짓말이 없습니다. 그분의 고통에는 마취와 같은 거짓이 없습니다. 그분의 가시관은 상징이 아닙니다. 그분의 손목에 내리쳐진 못자국은 환상이 아닙니다. 그분의 몸에서 흘러내리는 피는 붉은 잉크가 아닙니다. 그분은 약속하신 것은 모두 지켰으며 다 이루셨습니다. 죽음을 물리치고 부활하셨으며 마치 이 세상에 남아 홀로 빈 화분을 들고 울다가 마침내 말 위에 올라 임금님 옆에 앉은 거짓말을 모르는 동화 속의 소년처럼 하늘에 올라 전능하신 천주 성부의 오른편에 앉으셨습니다. 그리하여 우리는 믿습니다. 그리로부터 산 이와 죽은 이를 심판하러 오시리라 믿습니다. 죄의 사함과 육신의 부활을 믿으며 영원히 삶을 믿습니다.
"어데 갔었어. 전화해도 없데."
손님들이 청하면 즉석에서 붓글씨를 써 주는 서예가들의 날랜 솜씨를 물끄러미 지켜 보면서 깊은 상념에 빠져 있던 내 앞에 아들녀석이 나타나 우스갯소리를 해 깨움으로써 나는 퍼뜩 정신이 들었다.

"머리 다 깎았냐?"

미장원에 들러 아들녀석이 머리를 깎는 동안의 빈 시간을 분수가 솟아오르는 백화점의 광장 한 구석에 앉아서 이런저런 생각에 잠겨 있던 나는 불쑥 나타난 아들녀석의 얼굴을 쳐다보면서 물었다.

"깎았지롱."

방학 동안 자란 긴 머리칼이 싹둑하니 단정하게 깎이워져 있었다. 아들녀석의 키가 훨씬 커 보였다.

"여기서 도대체 뭘 하시오, 아부지."

"저것 봐라."

나는 열심히 붓글씨를 쓰고 있는 서예가의 붓 솜씨를 가리키면서 말하였다. 아들녀석은 손님의 주문을 받아 신청하고 신청받은 사람은 먹을 갈아 종이에 글씨를 쓰는 일련의 작업을 오랫동안 지켜 보았다.

"그래서 아빠."

"우리도 가훈을 하나 써 달래자."

"그래서."

"그걸 써 가지구 액자에 넣어 집에 가져가서 벽에 붙이자."

"붙여서 뭘 하는데."

"아침 저녁으로 보고 배우고 익히고 외우지 뭐."

"뭐라고 써 달라구."

거짓말하지 말아라

"거짓말을 하지 말자."

내가 진지하게 말하자 아들녀석은 갑자기 어이없다는 듯 헤헤헤 웃기 시작하였다.

"또 백색 거짓말 타령이슈? 그냥 갑시다, 아빠. 좋은 말 할 때 내 말 들으슈. 괜히 유치한 짓 그만 하시구."

나는 일언지하에 거절하는 아들녀석이 조금 섭섭했다. 내 섭섭한 표정을 눈치챘는지 아들녀석이 내 손을 잡아 끌면서 다음과 같이 말하였다.

"종이 위에 쓰고, 액자하고 벽에 붙이고, 들여다보고, 그렇게 해서 무슨 소용이 있나요. 마음 속에 새기고 이를 지키면 되지요. 안 그러슈? 아부지."

어머니.

어머니의 손자가 이처럼 컸습니다. 어머니의 복음 말씀은 우리 가족의 마음 속에 깊이 새겨지고 오랫동안 지켜져 내려 갈 것입니다.

3. 젊은 날의 약속

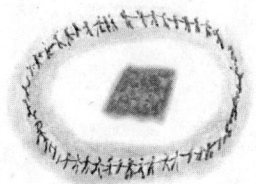

아, 고구려!

<u>지난</u> 7월 말 나는 중국을 여행하였다. 지금까지 중국을 여행할 기회는 많았지만 일부러 미뤄왔었다. 많은 사람들이 백두산에 올라가 천지의 물을 마시면서 통일을 기원하는 의식을 올리기도 하고, 천지를 배경으로 사진을 찍어오는 모습을 지켜보면서도 나는 일부러 만주로의 여행을 미뤄오기만 했었다.

솔직히 나는 중국의 만리장성이나 자금성 같은 관광 유물에는 별 흥미를 느끼지 않았었다. 내가 보고 싶은 것은 만주의 고구려 유적뿐이었다. 한때는 백제에 미쳐서 일본을 내 집 드나들 듯 했었고, 일본의 고대 도읍지인 아스카와 나라를 일본 사람보다 더 많이 뒤지고 다니기도 했었다. 또 가파른 대마도의 산정을 오르기도 했었다.

그러던 열정이 서서히 고구려로 방향을 바꾸고 있었다. 지난 2년여 동안 조선일보에 연재하였던 〈왕도의 비밀〉은 고구려에 관한 역사 소설이었는데 미완성으로 끝내고 말아 가까운 시일 안에 만주의 고구려 유적지를 보고 좀더 완벽하게 보완하고 수정해서 소설을 출간하는 것이 올해의 내 목표였었다. 그러던 중 덜컥 교통사고를 당해 백두산이고 뭐고, 고구려 유적이고 뭐고 올해는 다 글렀구나, 하고 낙담을 하고 있었다.

그런데 마침 조선일보에서 기획하는 '고구려 역사 탐방단 모집'이라는 사고를 보자 아직 허리의 통증은 가시지 않은 상태지만 무리를 해서라도 이번 기회에 중국, 그 중에서도 고구려의 옛 왕도였던 집안(集安)과 백두산을 다녀오자고 결정을 하였던 것이다.

출발한 날짜는 7월 24일. 그야말로 수십 년만의 폭서라는 불볕더위였다. 아직 자신 없는 건강에 대한 불안감도 있었지만 어떻게든 되겠지 하는 막연한 낙관을 가지고 출발을 하였는데 과연 만주로의 여행은 상상했던 것 이상의 고통이었다.

떠난 첫날부터 영화 〈닥터 지바고〉에 나오는 헛간과도 같은 야간 열차 속에서 우리는 포로들처럼 남자 여자 할 것 없이 돼지우리와 같은 삼층 침대에 엉키어 잠을 갔고 비포장 도로를 하루 종일 달리는 그야말로 극기의 여행을 하게 되었다. 함께 떠난 S사의 김형영 씨가 이번 여행을 '극기의 여행'

이며, '탐방이 아닌 탐험의 여행'이라고 명명한 것은 실로 시인다운 적절한 표현이었다.

어찌나 더웠던지 함께 떠난 많은 사람들의 옷은 소금에 절인 염전이었으며, 모두들 얼음이 섞인 커피 한 잔을 마셨으면 소원이 없겠다고 할 정도로 불볕의 가마속이었다.

그럼에도 불구하고 고구려의 옛 도읍지 집안에서 보았던 옛 유적들은 실로 감동적이었다. 개인적으로 나는 〈잃어버린 왕국〉이라는 책 속에서 광개토대왕비(호태왕비 : 好太王碑)에 관한 많은 부분을 소설로 형상화하였었는데, 그 소설을 쓸 당시만 하더라도 만주는 우리 나라 사람들이 찾아갈 수 없었던 금족(禁足)의 땅이었다. 6미터 높이의 생각보다 잘 보존된 광개토대왕비를 본 순간 나는 가슴이 저미는 감동을 느꼈었다.

광개토대왕. 지금으로부터 1천 6백년 전의 고구려의 대왕. 우리가 낳은 최고의 정복왕. 고조선의 옛 영토를 모조리 회복하고 요하에 이르는 중국 대륙까지 쳐들어가 중국을 호령했던 동양의 알렉산더.

어찌 그를 1천 6백년 전의 낡은 역사 속의 인물로만 생각할 것인가. 아니다. 천 년이 하루와 같고 하루가 천 년 같은 이 세상에서 어찌 그를 사기(史記) 속에서만 찾으려 할 것인가. 그렇다. 내가 이 만주까지 갖은 고생을 다하면서 찾아온 것은 광개토대왕을 만나기 위해서였다.

아, 고구려!

위대한 인물은 위대한 족적을 남긴다. 그 위대했던 아버지를 기념하기 위해서 그의 아들 장수왕이 세운 6미터가 넘는 동양 최대의 석비. 그 석비에 새긴 1천 7백자의 비문이야말로 우리의 선조들이 오늘을 사는 우리들에게 주는 교훈과 유언이 아닐 것인가.

나는 광개토왕을 만나기 위해서 이곳에 온 것이다. 내가 쓸 〈왕도의 비밀〉의 주인공 광개토대왕의 인격과 그의 영혼을 만나기 위해서 이곳에 온 것이다. 일본의 구석구석을 뒤지고 다닐 무렵, 나는 백제의 영혼들이 합심해서 나를 도와주는 것 같은 느낌을 받았었다. 이제는 고구려의 영혼들이 나를 도와 줄 것을 믿어 의심치 않는다.

내가 하고자 하는 뜻이 그들에게 옳은 뜻이라면 그들은 내게 길을 열어줄 것이다. 뜻이 있는 곳에 길이 있다 하지 않는가.

또다시 밤을 새워 가는 야간 열차 속에서 60도에 가까운 중국술 배갈에 대취해서 똥통과 같은 화장실에서 세 번씩이나 토하고 난 다음날은 공교롭게도 백두산에 오르는 날이었다. 도저히 아침을 먹을 수 없어 일행들이 식사를 하는 동안 버스에 드러누워 울렁이는 구역질을 간신히 진정시키고 난 뒤 나는 백두산에 올랐다. 지프를 타고 오르는 백두산의 산정은 다행히도 일 년에 몇 번밖에 안된다는 구름 한 점 없는 청명한 날씨였다.

민족의 성산 백두산 꼭대기에 올라 도저히 그 무엇으로도 표현할 수 없는 깊고 푸른 천지의 물빛을 바라보면서 나는 그저 행복하고, 그저 담담하고, 그저 흥분되고, 그저 좋아서 할 일 없이 '허허허허' 실성한 사람처럼 웃고만 있었다.
　백두산의 저 쪽빛과 같은 천지의 물은 우리 민족의 시원(始原)에서부터 고여서 흘러내려 폭포를 이루고 내를 이루고 강을 이루고 대하를 이루고 바다로 흘러가고 있는데, 사람들은 제 잘났다고 김일성이 어쩌고 공산주의가 어쩌고 백제가 어쩌고 신라가 어쩌고 통일이 어쩌고 야단법석이로구나.
　우리 나라의 산이란 산은 모두 이 백두산에서 비롯되고 우리 나라의 물이란 물은 저 푸른 천지에서 비롯된다. 천지에 떨어진 한 방울의 물이 서로 쪼개어져 하나는 압록강이 되고 하나는 두만강이 되고 하나는 낙동강이 되고 하나는 한강이 되고 있구나. 저 천지의 물은 우리 민족의 젖줄이고 저 백두산은 우리 민족의 등뼈며 척추가 아닌가. 우리 민족의 탯줄이며 태반이 아닐 것인가.
　이번 여행 중에서 내가 더없이 행복했던 것은 고구려의 유적과 백두산의 감동뿐 아니라 참으로 좋았던 이웃 사람들과의 만남이었다.
　한 버스에 함께 탑승했었던 스물세 명의 이웃들. 한 사람은 부산에서 오고 한 사람은 인천에서 오고 한 사람은 경상도에서 오고 한 사람은 전라도에서 오고 한 사람은 충청도에서 오

아, 고구려!
●

고, 어머니하고 같이 온 대학생 딸들, 고등학교 선생님들, 고구려의 유적을 찾아왔다 아이스크림을 잘못 먹어 고생고생하였던 일본인 유학생.

스물세 명의 이웃 사람들은 그 고물 버스에 함께 동승했던 인연으로 정말 한가족이 되었다. 고생이 심할수록 우정은 싹트고 고난 속에 사랑이 이루어지는가. 스물세 명의 가족들은 시간이 흐를수록 형이 되고 딸이 되고 누이동생이 되었으며 아버지가 되고 어머니가 되었다.

그 모든 사람들이 함께 모여 압록강변에 모여서 밤이 깊도록 술을 마셨는데 시간이 흐르자 사람들이 술에 취해서 함께 춤을 추고 노래를 고래고래 불러대었었다.

강 하나 건너편은 평안북도의 만포 지역이라던가. 칠흙같이 어두운 강 건너로 이따금 자동차의 헤드라이트가 반딧불처럼 지나가는데……, '엄마!' 하고 소리치면 그대로 강 건너까지 메아리쳐 넘어가 '순이야!' 하고 곧이어 대답 소리가 들려올 것만 같은 압록강은 어둠 속에서 발빠르게 흘러만 가고…….

옛 간도의 중심지였던 용정의 대성학교 교정에 세워진 윤동주의 시비는 중국을 떠나올 때까지 내 마음 속에 각인되어 울려퍼지고 있었다.

핍박 받던 일제 치하, 우리의 어머니 아버지들은 먹고 살 수 있는 미지의 땅을 찾아 북간도로 모여들었었다. 그 북간도의 중심지 용정에서 윤동주는 스물세 살의 나이로 다음과 같은 불멸의 시를 남겼다.

죽는 날까지 하늘을 우러러
한점 부끄럼이 없기를
잎새에 이는 바람에도
나는 괴로워했다.
별을 노래하는 마음으로
모든 죽어가는 것을 사랑해야지.
그리고 나한테 주어진 길을
걸어가야겠다.

오늘 밤에도 별이 바람에 스치운다.

1945년, 28세의 나이로 일본 후쿠오카 감옥에서 옥사한 윤동주. 그가 다니던 용정의 학교 마당에 세워진 시비를 보면서 나는 이 만주가 남의 땅이 아닌 우리의 땅임을 비로소 깨달았다.

별을 노래하는 마음으로 모든 죽어가는 것을 사랑하던 윤동주 시인의 시선으로 밤하늘의 별을 바라보던 연변의 야시장에서는 거리마다 벌어진 노래방에서 조선족 청년들과 처녀들이 한결같이 우리의 가요를 목청껏 노래 부르고 있었다.

아, 고구려!

우리 만남은 우연이 아니야 그것은 우리의 바램이었어
……, 감수광 감수광 난 어떡할래 감수광……, 끝도 시작
도 없는 사랑의 미로여……, 그대 가슴에 얼굴을 묻고 오
늘도 울고 싶어라……, 아무도 아무도 없는 쓸쓸한 너의
아파트 아파트 파트 파트…….

그래 만주는 더 이상 만주가 아니다. 고구려도 더 이상 고
구려가 아니다. 만주는 우리가 사는 이곳이며 고구려는 오늘
을 사는 우리의 현재이다. 시간과 공간은 더 이상 아무런 의
미가 없다.

백두산에서 흘러내리는 물이 장백폭포에서 떨어져 거품을
이루면서 흘러간다. 그 물이 너무 희어서 백하(白河)라고 부
른다던가. 그 거품의 흰 물결 속에서 몸을 담그고 나는 어린
애처럼 다짐했었다.

'이제부터는 될 수 있는 한 명랑하고 밝게 살아야지.'

심기일전(心機一轉). 백두산 물에 몸과 마음을 씻어내리고
난 뒤에 나는 나 자신과 한 가지 약속을 했었다. 죽는 날까지
하늘을 우러러 수많은 죄책과 부끄럼이 있음을 끝없이 인정
하면서 죄를 짓고 또 후회를 하고 죄를 짓고 또 후회를 하면
서 모든 죽어가는 것을 사랑해야지. 그리고 잎새에 이는 바람
에도 나는 괴로워하지 않고 즐거워해야지.

자랑스런 조선족

지난 4월 중순부터 보름간 중국에 다녀왔다. 지난 해 여름부터 시작된 중국 여행은 이번으로 벌써 세번째에 이르고 있다.

일주일 쉬었다가 또다시 중국 대륙으로 4차에 걸친 여행을 떠날 것 같다. 이번에 떠나면 두 달 동안 꼼짝없이 중국 대륙에서 머무르게 될 것이다.

8월 말쯤 5차에 걸쳐서 중국 여행을 떠나면 그 여행을 끝으로 중국 대륙에 대한 대장정은 마침내 끝을 맺게 될 예정인데, 그렇게 되면 올 여름은 거의 다 중국 대륙에서 보내게 될 것 같다.

총 5차에 걸친 중국 여행은 거리로 환산하면 거의 6만킬로미터에 이를 만큼 엄청난 대역사 탐험인데, 날짜만 해도 6개월 가량 소요될 만큼 힘든 작업이다.

평소 체력에 자신이 있는 나로서도 중국에서의 여행은 고통의 연속이다. 태어나서 이처럼 고생을 해본 적이 없다. 낯선 중국 대륙에서 먹고 마시고 잠자는 여행으로서의 고통보다는, 우선 넓은 땅덩어리라 이동 거리가 길고 또 여행 수단이 마땅치 않아 그게 제일 큰 고통이다.

도로 사정이 좋지 않아 기차를 타거나 비행기를 타거나 버스를 타거나 운송 수단이 항상 말썽이다. 그런 악조건 속에서 6만킬로미터의 여행은 그야말로 아마존의 정글을 뚫고 탐사 여행을 떠나는 것만큼의 모험의 연속이다.

말이 6만킬로미터이지 지구를 한 바퀴 도는 것이 4만킬로미터이므로 6만킬로미터라면 문자 그대로 지구를 한 바퀴 반도는 세계 일주의 여행인 셈인 것이다.

떠나기 전부터 〈왕도의 비밀〉을 출간하느라고 무리를 하였는데 잠시 휴식도 취하지 못하고 곧바로 여행을 떠났으므로 북경에서 한 사흘 가량 호되게 앓았다.

몸살인지 풍토병인지 열이 끓어오르고 먹으면 먹은 대로 토하고 설사를 해서 하다 못해 중국 기공사 한 사람 불러다가 생전 처음 기(氣) 치료까지 받아 보았다.

190센티미터가 넘는 거인 기공사는 내 몸을 마치 빨래처럼 비틀고 쥐어짜고 주물렀는데, 덕분에 모처럼 호텔의 침대에서 혼곤히 잠에 빠져들었었다.

작은 마음의 눈으로 사랑하라
•

무슨 팔자인지 80년대 말에 〈잃어버린 왕국〉 때문에 일본의 고도(古都)들을 6개월 가량 여행하였었고, 이번에는 고구려의 영광을 다룬 소설 〈왕도의 비밀〉 때문에 고구려의 옛 왕도였던 국내성과 고구려의 옛 강토들을 이 잡듯이 뒤지고 다니는 것을 보면 나도 어지간히 역마살이 낀 운명인 모양이다.

그러나 한 번 미치면 끝장을 봐야하는 것이 내 성격이라 길이 있으면 끝까지 길을 갈 것이다. 가다가 길이 막히거나 없어지면 길을 만들어서라도 끝까지 길을 갈 것이다.

중국을 여행할 때마다 도중에 곳곳에서 조선족(朝鮮族)들을 만나게 된다. 중국 전역에서 조선족은 세번째인가 네번째로 큰 소수 민족으로, 250만명에 이르고 있다고 한다.

중국을 여행할 때마다 조선족들을 만나게 된 후면 나는 몹시 마음이 착잡하다.

물론 조선족들은 우리 민족이지만 엄연히 중국인들이다. 그들도 자신을 스스럼없이 중국인이라고 말하고 있다. 극단적으로 그들은 자신은 한국인도 아니고 북조선 사람도 아닌, 고구려인이라고 말하고 있을 정도이다.

그래서 중국인들은 조선족들을 '고려인'이라고 부르고 있다. 이때에 '고려인'이란 용어는 우리가 일본 사람을 '쪽바리'라고 낮추어 부르듯 비하해서 부르는 일종의 비어인 것이다.

그럼에도 불구하고 여행 도중에 만난 조선족들이야말로 가

자랑스런 조선족

장 어려운 경우에도 우리에게 도움을 주는 가장 믿을 만한 사람들이었다.

조선족들은 우리와 우선 말이 통하는 같은 민족이었으며 비록 문화와 풍습이 달라 다소의 이질감은 있지만 같은 피를 나눈 친족들인 것이다.

그들은 비록 지금은 우리보다 못살고 있는 사람들이지만 대부분은 우리 나라의 독립을 꿈꾸면서 조국을 떠나 중국으로 망명하였던 독립 투사의 후손들이다.

그들은 독립 운동을 하면서 일본인에게 죽임을 당하고 나중에는 중국인과 공산군에게 박해를 받았던 특이한 존재인 것이다. 먹고 살 길이 없어 온 가족이 압록강을 건너 북간도로 떠났었던 우리 할아버지, 할머니, 형제, 누나들이었다.

그들은 낯선 땅에서도 고유한 풍습을 버리지 못하고 아직도 전형적인 조국의 풍습을 지니고 살아가고 있다. 중국 내에서 소수 민족 중에 가장 교육열이 높은 민족이며 또한 아직도 가장 예의바른 민족으로 손꼽히고 있다.

그뿐인가.

이들은 대부분 십 년에 걸친 문화 혁명 기간 중에 가장 많은 박해를 받았었다. 거의 지식인들이었으므로 조선족들은 이 문화 혁명 중에 수백만 명이 박해당하고 먼 낯선 이역 땅으로 보내어져 돼지를 키우고 똥을 치우며 노예처럼 종살이를 하였던 쓰라린 기억을 갖고 있다.

그들이 조국에 눈뜬 것은 이러한 대박해의 혁명 기간이 끝나고 88올림픽이 열린 이후부터였다고 한다.

이들은 비로소 자신들의 친정인 한국이 자신의 쓰라린 상처를 위로해 줄 수 있을 만큼 성장하였음을 알게 되었으며, 동시에 지금까지 멸시를 일삼던 중국인들로부터 어느 날 갑자기 선망의 시선으로 '조선인'이라는 대접을 받게 되었음을 느끼게 되었던 것이다.

이들은 마침내 잘사는 친정을 가진 며느리처럼 기를 펴고 살게 되었으며 잘사는 친정인 대한민국이 자신들에게 든든한 친정 아버지 역할을 해줄 것을 은근히 바라게 되었던 것이었다.

그러나 과연 그러한가.

믿었던 친정 아버지 한국이 그들에게 해준 것이 과연 이 상처 깊은 조선족들의 마음을 위로해 주고 그들의 마음 속에 희망과 기쁨을 선물하였던 것인가.

그러나 안타깝게도 그것이 아니었다. 물밀듯이 쏟아져 들어오는 친정 아버지 한국은 그들에게 있어 또 하나의 총독부 관리들이었던 것이다.

한국인들은 그 잘난 돈과 물질로 조선족들을 오염시키기 시작했던 것이다. 여인을 보면 성의 대상으로만 생각해서 심각한 가정의 파괴를 일으키기 시작하였으며 같은 민족인 조선족들의 임금을 착취하고 그들을 하인처럼 부려먹으며 그들의 인권을 무시하였던 것이다.

"조선족 여인을 농락하는 한국인들은 그 여인이 자신의 누나일지도 모른다고 생각해야 합니다."

북경에서 만난 한 여인은 내게 눈물을 흘리면서 말하였다.

"조선족들의 임금을 착취하는 사람은 그 사람이 바로 자신의 작은 아버지일지도 모른다고 생각해야 할 것입니다."

그 여인의 안내로 찾아간 북경의 조선족 교회.

목사도 없어 자신들끼리 설교하고 자신들끼리 성가를 부르고 자신들끼리 헌금하여 한 권의 성경책이라도 더 많이 북조선 동포에게 보내야 한다면서, 내가 가본 그 어떤 성당보다 내가 가본 그 어떤 교회에서보다 거룩한 예배를 드리는 조선족 교회에서 나는 태양처럼 타오르는 하느님의 불꽃을 보았다.

"250만의 조선족들은 한국인으로 보면 최고의 척후병들입니다. 이들은 무섭게 타오르는 기독교의 불길로 이제 중국에서 가장 무서운 민족으로 성장하고 있습니다.

한국이 정말 통일을 이루고 싶다면 우선 250만의 조선인들을 한 형제로서 감싸안고 화해와 평화를 이루는 방법부터 생각해야 할 것입니다. 이백만 조선족들도 제대로 받아들이지 못하는 한국인이 어떻게 그 열 배가 넘는 북한 동포를 껴안고 마침내 한 민족을 이루고 통일을 이룰 수 있겠습니까."

그 자신 문화 혁명 중에 티베트로 쫓겨갔었다는 이 여인.

아버지는 몰매맞아 죽고 어머니는 성경책이 없어 노트에 베낀 성경책을 들고 밤낮없이 기도만 하였다는, 이 조선족 여인. 너무나 울고 울어서 나중에는 눈물조차 나오지 않았다는 이 여인.

최근에야 그렇다, 내겐 조국이 있다. 마치, '겨레여 우리에겐 조국이 있다, 내 사랑 바칠 곳은 오직 여기뿐, 뜨거운 가슴이 식을 때까지 즐거이 이 강산을 노래 부르자' 라는 이은상의 시처럼 내 사랑 바칠 곳 여기에 조국이 있음을 비로소 깨달았다'는, 북경에서는 모르는 사람이 없다는 조선족 여인.

이 여인의 이름은 김휘(金輝).

그녀는 지금도 식사 때마다 울면서 이렇게 기도를 하고 있다.

"하늘에 계신 아버지, 지금 이 순간에도 북조선의 동포들은 굶주리고 있습니다. 배부른 우리들이, 배부른 한국인들이 그들을 잊지 않고 그들의 고통을 함께 나눌 수 있도록 도와주시고 하느님, 우리 민족을 당신의 눈동자처럼 보호해 주십시오."

그렇다.

우리가 도대체 무엇이 잘난 사람들인가.

돈이 좀 있다고 놀부처럼 거들먹거리다가는 언젠가는 박 속에서 뛰어나온 도깨비 방망이에게 치도곤을 얻어맞게 될 것이다. 지금 우리가 하느님을 믿는다고 부처님을 믿는다고,

기독교 신자라고 불제자라고 거들먹거리다가는 마침내 불지옥에 떨어져 버리게 될 것이다.

조선족들이야말로 우리보다 더 예의바르며 우리보다 더 인간적이며 우리보다 더 하느님과 가까워 마침내는 하느님의 눈동자처럼 보호를 받고 사랑받는 사람으로 선택될 것이다.

중국을 여행할 때마다 나는 그들의 눈을 본다. 그들의 손을 잡고, 그들의 얼굴을 보고, 그들의 말을 듣고, 그들의 가슴 깊은 곳을 들여다보려고 노력한다.

그들의 눈 속에서 나는 할머니의 눈동자를 발견하며 그들의 손에서 어머니의 손을 느낀다. 그들의 얼굴에서 별을 보고 그들의 말 속에서 고향의 냄새를 느낀다. 그들의 가슴 깊은 곳에서 나는 반짝이는 보석을 발견한다.

남북 통일을 꿈꾸기 전에 우선 그들과 함께 일치와 평화를 이루는 지혜를 우리는 발견해 내지 않으면 안될 것이다.

그렇다. 우리 나라는 8·15로 광복은 되었지만 아직 해방은 오지 않은 것이다.

우리 나라가 진정으로 해방이 되기 위해서는 모든 민족이 함께 평화를 이루는 민족 해방을 이루어야 할 것이며, 우리 나라가 진정으로 통일을 이루기 위해서는 갈등과 불신과 증오와 반감의 벽을 뛰어넘는 대화합의 통일을 이뤄내야 할 것이다.

이럴 때 하느님의 눈동자인 조선족들이야말로 남과 북의

갈등을 조정하고 화해시키는 평화의 십자군이 되어 줄 것이다.

평화의 십자군인 자랑스러운 조선족을 우리는 이제부터라도 마음 속으로 사랑하고 섬겨야 할 것이다.

생각은 운명을 낳는다

지난 겨울 나는 한 달 동안 유럽과 동남아국과 16개국을 여행했었다. 그 동안 인도의 수도인 뉴델리에서 3박 4일 동안 머물러 있었는데 뉴델리의 국립 박물관에서 인상적인 불상들을 발견할 수 있었다.

잘 알려진 것처럼 인도는 지금 힌두교의 종교 국가지만 원래는 세계 4대 문명의 발상지이며 세계적인 성인인 부처가 탄생한 곳이다. 부처가 창시한 세계적 종교인 불교는 비록 지금은 발상지인 인도에서 쇠퇴되어 그 흔적을 찾을 수 없지만 박물관 곳곳에 부처의 불상으로 남아 있었다.

불교가 있는 곳에는 반드시 부처를 상징하는 불상이 있기 마련인 것이다. 그런데 인도에서 본 불상 중에서는 독특한 모습의 부처상이 있었다. 즉 머리카락이 곱슬곱슬하고 코가 높은 유럽인의 모습을 하고 있는 서양인의 불상들이 산재하고 있었던 것이다.

여기에는 유래가 있다.

기원전 2세기 후반 그리스의 왕 매난드로스는 인도를 침략하여 함께 북인도 일대에 세력을 떨쳐 지배한 적이 있었던 것이다. 이때 그는 희랍의 서양 문화를 인도에 전해 주어 그 영향으로 머리가 곱슬거리고 코가 높은 서양인 불상이 태어난 것이다.

그리스 왕 매난드로스를 인도인들은 '미란다'라 불렀는데 이 왕은 자신이 정복한 인도에 직접 와서 당시 인도의 국교였던 불교에 깊은 관심을 보였다. 그래서 왕은 당대의 유명한 고승이었던 나가세나 스님과 불교에 대해 토론을 하는데 이때 왕과 스님과 나눈 대화가 〈미란다 왕문경(王問經)〉이라 하여 초기 경전으로 남아 있는 것이다.

불교에 전혀 문외한인 그리스 왕에게 불교를 설명해 주는 나가세나 스님의 대답은 불교에 문외한인 우리들에게도 깊은 인상을 남겨 주고 있는 것이다. 특히 불교의 윤회 사상과 업(業)을 이해하지 못하는 미란다 왕과의 다음과 같은 대화는 절묘한 동양과 서양의 조화를 이루고 있다.

미란다 왕은 다음과 같이 묻는다.

"스님, 스님들은 '지옥의 불은 보통의 불보다는 훨씬 더 뜨겁다. 보통 불 속에 던져진 조약돌은 하루에 녹지 않지만 큰

집채만한 바위도 지옥에 들어가면 순식간에 녹아버린다'고 말을 합니다. 나는 이 말을 믿지 않습니다. 또 스님들은 '지옥에서 태어난 생명체는 수십만 년 동안 지옥불 속에서 타더라도 녹아 없어지는 일이 없다'고 합니다. 나는 이 말도 역시 믿지 못합니다. 어떻게 생각하십니까?"

이에 나가세나 스님은 대답한다.

"임금님, 암악어와 암거북은 단단한 돌멩이나 자갈을 먹습니까?"

"그렇습니다."

"돌멩이나 자갈이나 모래는 거북의 뱃속에 들어가면 녹아 버립니까?"

"그렇습니다."

"그렇다면 뱃속에 든 그들의 태아도 녹아 버립니까?"

"그렇지는 않습니다."

"어찌하여 자갈과 돌멩이는 다 녹아도 태아는 녹지 않습니까?"

미란다 왕은 대답한다.

"업 때문에 녹지 않는다고 생각합니다."

"마찬가지로 지옥에 태어나는 생명 자체는 수천 년 동안 지옥불 속에 있어도 업 때문에 녹지 않습니다. 지옥에 있는 생명체는 거기서 태어나 거기서 성장하고 거기서 죽습니다. 그러므로 부처님께서는 '악업이 소멸될 때까지는 죽지 않는다'고 말씀하신 겁니다."

　이 탁월한 비유처럼 윤회와 인연에 따른 업은 불교 교리 중의 핵심이다. 원인이 있으면 결과가 있고 좋은 인연을 맺으면 좋은 업을 이루고 나쁜 인연을 맺으면 나쁜 업을 이룬다는 불교의 진리를 설명한 나가세나 스님의 탁월한 설명을 통해서 우리는 '옷깃만 스쳐도 전생에 인연이 있다'는 불교를 실감하게 되는 것이다.

　허공에 뱉은 말 한 마디도 그대로 사라져 버리는 법은 없다. 자신이 지은 아무리 가벼운 죄라고 할지라도 그대로 소멸되어 버리는 법은 없다. 인간이 하는 모든 행동은 그대로 씨앗이 되어 민들레 꽃씨처럼 날아다닌다. 나쁜 생각과 나쁜 행동들은 나쁜 결과를 맺고 악의 꽃을 피운다. 나쁜 행동들은 독의 화살이 되어 남을 해치고 마침내는 자신의 심장을 끊어 자신을 해치는 것이다. 마찬가지로 좋은 행동과 선행은 그대로 사라지는 법이 없이 샘을 이루고 내를 이루고 강을 이루고 생명의 바다로 나아가는 것이다.

　마치 미란다 왕의 깊은 불심 하나가 뉴델리 국립 박물관의 수많은 불상의 모습을 희랍인의 얼굴로 변화시킬 수가 있듯이.

　그렇다.

　생각은 행동을 낳고, 행동은 습관을 낳고, 습관은 운명을 낳는다. 우리의 운명을 바꾸기 위해서는 무엇보다 먼저 우리의 생각을 바꾸지 않으면 안되는 것이다.

의상을 벗어라

지난 연말부터 새해에 이르기까지 한 달 가량 해외 여행을 다녀왔다. 나로서는 생전 처음 겪는 특이한 여행이었다.

대우그룹 총수인 김우중 회장과의 동행이었다. 오래 전에 한 번 김회장으로부터 비슷한 제의를 받은 적이 있었지만, 그 동안 나는 나대로의 바쁜 일정이 있어 미뤄지고 있던 차 12월 초에 대우측으로부터 연락이 왔다.

해마다 김우중 회장이 연말 연시를 대우 지사가 있는 해외에서 보내는데, 그 출장 여행에 함께 동행하지 않겠냐는 것이었다. 마침 오랜만의 공백 기간이라 마다할 이유가 없었다. 나는 흔쾌히 좇아나서기로 하였다.

"절대로 여행백은 들고 가셔서는 안됩니다. 핸드캐리 할 수 있는 정도의 짐만 들고 가십시오."

비서실에서 내게 당부한 말은 오직 그것뿐이었다.

"솔직히 말해서 몹시 고되실 것입니다. 체력에 유념하시고 건강에 유의하십시오."

한 달 동안의 출장에 겨우 손가방 한 개 정도의 짐밖에 들고 가지 말라니. 가는 곳도 몇십 년만의 강추위라는 동유럽 국가에서부터 열대 지방의 인도, 미얀마, 베트남 같은 국가를 경유하지 않는가. 그런데도 겨우 손가방 한 개 정도의 짐뿐이라니. 나 역시 여행을 떠날 때 짐을 많이 가지고 가는 것을 싫어하는 편이라 가능하면 줄이고 줄여서 어깨에 둘러멜 수 있는 손가방 하나만을 챙겨들고 따라갔다.

함께 떠난 사람은 김우중 회장, 비서 두 사람 그리고 나, 이렇게 네 사람뿐이었다. 떠나는 공항 귀빈실에서 김회장을 기다리는 내 가슴은 솔직히 호기심 반 걱정 반으로 두근거리고 있었다. 나는 이미 많은 사람들로부터 김회장의 여행 스타일에 대해 귀가 아프도록 들어왔었다. 단 5분도 헛되게 낭비하지 않는 김회장의 여행 스케줄은 여행이라기보다는 유격 훈련에 가깝다는 말을 들어왔었다. 많은 사람들이 김회장과 여행하다가 나가떨어져, 중도에 포기하고 그냥 돌아온다는 것이었다. 체력에는 나도 누구에게든 지지 않는다고 자부하고 있었지만, 그래도 나 역시 중도에서 나가떨어져 처참한 낙오병이 되어 돌아오게 되지 않을까, 그것이 못내 불안했었다.

과연 김회장을 좇아나선 동반 여행은 여행이 아니라 지옥

의상을 벗어라

훈련이었다. 그 동안 들른 나라는 러시아, 불란서, 폴란드, 우크라이나, 루마니아, 불가리아, 크로아티아, 독일, 우즈베키스탄, 인도, 태국, 미얀마 그리고 베트남의 13개국이었다.

중간 기착지인 크로아티아의 유명한 휴양지 듀브락에서는 김회장이나 나나 함께 감기에 걸렸지만 내게 있어 김회장의 그 놀라운 투혼은 하나의 경이였다. 그는 시합을 벌이는 권투선수처럼 보였다. KO가 되어 쓰러질 때까지 무제한의 권투시합을 벌이는 링 위에서 그는 단 5분의 시간 낭비도 허용치 않는 터미네이터처럼 일과 타이틀 매치를 벌이고 있었다.

감기에 걸려서 밤이면 기침이 터져 제대로 잠을 이루지 못하면서도 나는 필사적으로 이 지옥 훈련에서 낙오되지 않으려고 몇 번이고 이를 악물어야 했다. 그러면서도 내가 감동했던 것은 그분의 열정이었다. 나는 일찍이 그와 같은 열정적인 사람을 만난 적도 본 적도 없었다. 그런 의미에서 한 달 동안의 여행은 일찍이 만난 적도 본 적도 없는 한 인간을 직접 앞에서 관찰하고 연구했던 내게 있어 매우 값진 탐사 여행이었던 것이다.

김우중 회장에 관해서는 훗날 다른 형태의 글로 자세히 다뤄지겠지만 이번 여행을 통해서 내가 깊이 느낀 점은 오직 한 가지뿐이었다.

태어나서 내가 제일 처음 해외 여행을 떠난 것은 1972년 초 월남을 방문했을 때였다. 당시 우리 나라는 월남군을 위해

대규모의 파병을 하고 월맹군과 피투성이의 전쟁을 벌이고 있었다. 27세의 나이로 이호철, 최인훈, 고은 같은 선배 문인들과 국방부 초청으로 자유 월남의 수도였던 사이공(호치민)을 방문했을 때는 한창 치열한 전투가 벌어지고 있던 때였다. 내 나이 또래의 친구들은 월남전에 참전하였다가 죽기도 하고 지뢰를 밟아 불구가 되기도 했었다.

'월남에서 돌아온 새까만 김상사. 이제야 돌아왔네.'

월남에 관한 노래가 유행하고 있을 무렵, 내 친구들은 귀신잡는 해병으로 입대하여 베트공을 죽이고 월맹군을 향해 총을 쏘았다. 더러는 한밤에 프로펠러 비행기를 타고 장가도 못 간 아까운 나이에 죽어 백골이 되어 돌아오기도 했었다.

이번 여행의 제일 마지막 도착지는 바로 그 베트남, 그 중에서도 통일 베트남의 수도인 하노이였다.

1972년 27세의 나이로, 태어나서 처음으로 해외 여행으로 베트남을 방문했었던 나는 25년이 지난 1997년 52세의 나이로 또다시 베트남을 방문하고 있는 것이다. 그 25년이 흐르는 동안 분단되었던 베트남은 통일이 되었으며, 나는 마침내 25년 전에는 감히 상상도 할 수 없었던 하노이에 와 있는 것이다. 25년 전에 우리가 죽인 베트공들의 수도인 바로 그 하노이에. 감히 가볼 것이라고는 상상조차 할 수 없었던 붉은 도시의 적도(赤都) 하노이에 내가 와 있는 것이다.

그렇다. 베트남은 변하고 있는 것이다. 어찌 변하는 것이

베트남뿐이랴.

몇 년 전까지만 해도 우리가 들어갈 것이라고는 상상조차 할 수 없었던 루마니아, 우크라이나, 불가리아의 심장부로 우리들은 깊숙히 들어가고 있다. 러시아가 변하고, 중국이 기지개를 켜며, 우크라이나가 변하고, 미얀마가 변화하고 있는 것이다.

한 달 가량의 유격전과 같은 여행을 끝낼 무렵 나는 하노이의 거리를 걸어서 구석구석 다녀보았다. 전쟁으로 황폐해진 하노이는 그러나 새 희망에 부풀어 있었다. 놀랍게도 한때는 자신들과 총을 겨누며 싸웠던 우리 나라에 대해서는, 전혀 정말 이상할 정도로 적개심이 없었으며, 오히려 자기 나라를 도와주는 고마운 나라라고 친근감을 보이고 있었다. 공산주의건 민주주의건, 적이건 동지건 한때 우리가 목숨 걸고 싸웠던 이데올로기는 간 곳이 없었다.

일찍이 영국이 낳은 비평가이자 역사가인 칼라일은 〈의상철학〉이란 평론을 통해 다음과 같이 말하고 있다.

"우리의 육체는 영혼이 입은 하나의 의상입니다. 자연은 신의 의상이며 따라서 끊임없이 변화하는 자연은 신이 의상을 갈아 입은 모습입니다. 그러므로 인간이 만들어 내는 사상, 제도, 이데올로기 같은 것은 의상에 붙어 있는 단추처럼 있지도 않은 가상의 존재에 불과한 것입니다."

칼라일의 이 탁월한 논리야말로 오늘을 사는 우리들이 음

미해 봐야 할 진리인 것이다. 칼라일의 말처럼 민주주의니 공산주의니 하는 이데올로기나 사상들은 의상에 붙어 있는 단추에 불과한 것이다.

세계는 변화하고 있다. 월남은 이제 그 단추를, 그 의상을 벗어버리고 있는 것이다. 월남뿐인가. 한때 공산주의의 의상을 입고 있던 동유럽의 모든 나라들은 그 낡은 의상을 벗어버리고 있다. 그러나 우리는 어떠한가.

전세계가 낡은 의상을 버리고 있는 이 변화의 세기에 우리들은 도대체 어떤 모습을 보이고 있는가. 전세계를 커버하는 뉴스 채널인 CNN에서는 삭발을 하고 머리에 붉은 띠를 두른 노동조합 간부들의 고함소리가 톱뉴스로 연일 흘러나오고 있었고, 또한 지겹기 짝이 없는, 화투짝 같은 그 얼굴이 그 얼굴인 정치가들이 나와서 민주주의를 부르짖고 있는 것이다.

전세계가 이데올로기의 단추를 벗고 사상의 낡은 의상을 벗고 있는 이 순간, 아직도 붉은 머리띠의 노동자들과 투구를 쓴 데모 진압대들이 밀치고 당기고, 최루탄을 쏘면서 여전히 거품을 흘리고 있는 것이다.

사이공에서 적도 하노이에 이르기까지 25년 동안 베트남은 통일을 이루었고 낡은 이데올로기의 유산을 말끔히 청산하였다. 그러나 내 조국은 아직도 남과 북이 갈라져 서로를 미워하고 있으며 지역은 지역대로 계층은 계층대로 갈라져 서로를 증오하고 있구나.

의상을 벗어라

새로운 미래 21세기는 코앞에 다가왔는데, 이 급변하는 21세기에 아직도 우리들은 단추 하나를 서로 빼앗으려고 사생결단을 벌이고 있구나. 옷을 벗어버리고 새 의상으로 갈아 입으면 될 것을 낡은 의복을 고집하면서 단추 하나를 빼앗아 서로 달려고 원수가 되고 있구나.

이태리의 작곡가 레온 카볼로가 작곡한 유명한 오페라〈팔리아치〉에서는, 아내의 부정을 알게 되어 고민하는 어릿광대가 시간이 되어 분장을 하고 무대로 나가면서 다음과 같이 절규한다.

"의상을 입어라."

그러나 변화하는 세계, 변화하지 않으면 살아남지 못하는 이 불확실한 미래가 내다보이는 베트남의 밤거리에서, 바다 건너의 머나먼 내 나라 내 조국에 대해서 나는 어릿광대가 되어 다음과 같이 절규했다.

"의상을 벗어라."

바르샤바의 큰누님

　지난 연말 대우 그룹의 김우중 회장과 폴란드에 갔을 때였다. 폴란드에는 마침 내 형님이 대우 자동차의 사장으로 계셔서 머나먼 이국 땅에서 형제간에 반가운 해후를 할 수 있었는데, 더욱 반가운 것은 폴란드의 수도 바르샤바에서 뜻밖의 한 사람을 만날 수 있었던 것이었다.

　나는 원래 한 번도 가 보지 못한 바르샤바(폴란드 사람들은 와르쏘라고 부른다)에 대해서 막연한 동경을 갖고 있었다. 대학 시절 나는 제임스 조이스의 〈더블린의 사람들〉이란 소설책을 읽고 아일랜드의 수도 '더블린'에 가 보고 싶다고 호기심을 가져왔다. 〈죄와 벌〉을 읽으면 러시아의 고도인 '상테르부르그'에 가 보고 싶었고 〈개선문〉을 읽으면 '파리'에 가서 개선문을 보고 싶었다. 이처럼 소설의 힘은 위대해서 문학의 향기는 그 소설의 무대인 한 번도 가 보지 못한 낯선 도시에까지 환상을 불러일으킨 모양이었다.

1974년 혼자서 세계 일주를 할 때 나는 제임스 조이스가 쓴 소설의 무대인 더블린의 도시를 문학 청년과 같은 호기심을 갖고 방황했었다. 대학 시절 나는 개인적으로 폴란드의 작가 후라스코가 쓴〈제8요일〉이란 소설을 좋아하고 있었다.

전후 폐허의 도시 바르샤바. 2차 대전으로 철저하게 부서진 바르샤바에서 사랑하는 남자와 하룻밤을 지내고 싶어 사면이 벽으로 막힌 단 하나의 방을 구하려고 애쓰는 여주인공 아그네쉬카의 허무는, 당시 청년이었던 내게 깊은 감수성을 선물했던 명작이었다.

그 소설의 처음 장면이 도시를 달리는 낡은 전차 속의 묘사였는데, 오후 3시면 벌써 해가 지는 음산한 한겨울의 바르샤바의 도로 위로 소설 속의 장면처럼 낡은 전차가 역마차를 끄는 말울음 소리로 울면서 달리고 있었다.

소설 속의 바르샤바에서 나는 뜻밖의 한 사람을 만날 수 있었다.

그분의 이름은 '오가레트 최'로서 올해로 나이 70세의 할머니다. 바르샤바 대학의 한국어과를 창설한 분이며 놀랍게도 내 작품을 번역해서 폴란드에 소개한 한국 문학의 대모인 것이다. 한때는 인기가 없어서 폐강이 되다시피 하던 한국어과가 대우 자동차의 인기로 수십 명의 엘리트 청년들이 한국어를 배우러 몰려든다며 기뻐하는 이 할머니는 이름에서 알 수 있듯이 최씨 성을 가진 북한 사람과 결혼해서 딸 하나를 낳은 푸른 눈의 이방인이다.

남의 사생활이니 자세히 물어볼 수는 없었지만 북한에서 결혼 생활을 하던 이 할머니는 북한 당국에 의해서 강제로 이혼당한 후 자신의 모국인 폴란드로 쫓겨돌아와 딸 하나와 살고 있는 것이다.

우리 나라 사람보다 더 정확하고 분명한 국어를 구사하는 이 할머니를 내가 처음으로 만난 것은 올림픽이 열리던 무렵인 십 년 전쯤이었던 것 같다. 하루는 똘망똘망한 목소리를 가진 여인으로부터 전화가 와서 만나고 보니 전혀 낯선 나라에서 온 할머니였다. 지금은 폴란드가 자유롭게 갈 수 있는 나라지만 그 당시만 해도 폴란드는 이제 막 수교를 시작한 사회주의 붉은 국가였다.

이 할머니는 내게 신문 한 장을 내밀었는데 놀랍게도 내 단편소설인 〈연가〉를 폴란드어로 번역했다는 것이었다. 〈연가〉라면 70년대 중반에 쓴 단편소설. 그 소설이 어떻게 폴란드까지 흘러들어가 이 푸른 눈의 할머니의 눈에 띄어 폴란드어로 번역이 될 수 있었던 것일까. 정말 신기하고 신기한 일이었다.

나는 형님을 통해 그 할머니를 자동차 회사에서 만날 수 있었는데 여전히 푸른 눈을 가진 그 할머니는 비록 피는 다르지만 큰누나와 같은 육친 이상의 반가움을 느낄 수 있었다. 그래서 나는 그분을 큰누님이라고 불렀으며 김우중 회장에게도 그렇게 소개했었다.

"폴란드에 사는 내 큰누님입니다."

비록 한평생을 통해 두세 번 만나는 인연이며 지구 반대편에 사는 벽안의 이방인이라 할지라도 어찌 그분을 남이라 할 수 있겠는가. 그동안 내 단편과 중편을 열 편씩이나 번역하여 한 권의 책을 출판해 낸 이 할머니를 어떻게 내 큰누님이라고 부르지 않을 수 있겠는가.

요즈음 내 작품을 뮤지컬화 한 〈겨울 나그네〉가 상연되고 있다. 이상하게도 작년에는 〈고래 사냥〉이 뮤지컬로 상연되더니 이번에는 한 달 동안 〈겨울 나그네〉가 최대의 영광인 뮤지컬 대상을 수상하고 성황리에 공연되고 있는 것이다.

〈겨울 나그네〉는 이미 영화로, TV드라마로 탈바꿈해서 많은 사람들에게 다가간 작품이었다. 그래서 4년 전쯤인가 연출가 윤호진 씨가 〈겨울 나그네〉를 뮤지컬화 하고 싶다는 전화를 걸어왔을 때 나는 반신반의한 느낌이었다. 물론 나는 그분의 재능을 알고 있었고 미국으로 건너가 브로드웨이에서 뮤지컬을 오랫동안 공부했다는 말을 전해 들은 바가 있었다. 그러나 워낙 어려운 뮤지컬의 메카니즘을 알고 있는 나로서는 창작 뮤지컬은 어림없다고 생각했었다.

전세계에서 창작 뮤지컬을 공연할 수 있는 나라는 미국과

영국 두 나라뿐이다. 자본과 기술에서 세계를 리드해 나가는 일본에서도 외국 작품을 들여다가 학예회하는 수준에만 머물러 있을 만큼 창작 뮤지컬은 어려운 것이다. 그런데 막상 오페라 극장에 가서 〈겨울 나그네〉를 본 순간 나는 솔직히 가슴이 떨렸다.

내 작품이기 때문이 아니다. 내 작품에 대한 날카로운 비평 때문에 내 후배 감독들은 나를 시사회에 초청하는 것을 꺼리고 있다. 그래서 영화가 마음에 들지 않으면 나는 그냥 자취를 감추고 사라져 버리는 편인데 〈겨울 나그네〉를 본 느낌은 한마디로 경이였다.

물론 허점이 없지는 않았다. 그러나 그러한 사소한 허점 때문에, 그 허점을 물고 늘어지는 비평가적 안목으로 활화산처럼 터져오르는 정열의 축제를 애써 무너뜨릴 수 있을 것인가. 도대체 저들은 누구인가. 저렇게 땀을 흘리고 저렇게 고생을 한다고 돈이 나오는가 유명해지는가. 춤추고 노래하는 신세대 젊은이들을 볼 때마다, 벌써 십 년도 훨씬 더 전에 내가 쓴 소설을, 또 이미 영화로 TV드라마로 재탕 삼탕되었던 그 낡은 소재를, 목숨을 걸고 연출하고 목숨을 걸고 연기하고 목숨을 걸고 노래하는 스태프를 볼 때마다 나는 부끄럽고 미안해서 쥐구멍으로 숨어버리고 싶을 정도였었다.

"고맙습니다."

언젠가 나는 연출가 윤호진 씨와 소주 한 잔을 하기 위해서 지하도를 올라가다가 손을 내밀며 말하였다.

"늙은 노처녀 데려다가 호강시켜 주니 고마운 사위 만난 친정 아비 같은 심정으로 감사를 드리지 않을 수 없습니다. 정말 고맙습니다."

참으로 이상한 일이다. 오래 전에 쓴 단편 하나가 갈 수 없는 나라 폴란드까지 새가 되어 날아가서 알 수도 없는 할머니 손에 잡히더니 그분에 의해서 낯선 나라의 언어로 번역이 되어 출판이 되었다. 그리고 십 년 전에 쓴 소설 하나가 영화가 되고 TV드라마가 되더니 이번에는 전혀 새로운 형식인 뮤지컬이 되어서 과분하게도 그 아름다운 노래와 춤으로 승화되고 있는 것이다.

그렇다. '이것이 있음으로 저것이 있고, 이것이 있음으로 저것이 생긴다. 이것이 없으므로 저것이 없고, 이것이 멸하므로 저것이 멸한다'는 〈자설경(自設經)〉에 나오는 부처님 말씀은 진리다.

이 말씀은 인간의 모든 일들은 연기(緣起)의 법에 따라 일어나고, 인간의 모든 일들은 인(因)과 연(緣)이 서로 의존하고 관계하여 결과를 이룬다는 불교의 핵심적인 진리인 것이다.

이 세상의 모든 일들은 어느 것 하나 그대로 사라져 버리는 것이 없다. 나쁜 말 한 마디도 그대로 사라지는 법이 없이 어디론가 날아가 어디엔가 씨앗으로 떨어져 나쁜 결과를 맺으

작은 마음의 눈으로 사랑하라

며, 좋은 인연도 그대로 사라지는 법없이 어디엔가 씨앗으로 떨어져 좋은 열매를 맺는 것이다.

 두 개의 좋은 인과 연으로 머나먼 나라의 할머니를 만나고 〈겨울 나그네〉의 좋은 사람들을 만나게 되었으니, 다가오는 새봄에는 좋은 일이 많이 일어날 것 같아 저절로 낭랑 18세의 소녀처럼 가슴이 두근두근거려지는 신춘의 요즘이다.

네 속을 아느냐?

　난 병원 가기를 싫어한다. 병원뿐 아니라 약 먹기조차도 싫어한다. 웬만한 감기가 걸려도 물만 마시고 끙끙 앓다보면 자연히 낫는다. 하도 병원 가기를 싫어하는 나보고 영세를 주셨던 박신부님이 이렇게 말을 한 적이 있었다.
　"형제님은 자연주의자인가 보죠. 우리 몸에는 자연적으로 치유되는 능력이 있는데 병원이나 약보다 그런 자연 능력을 더 신뢰하는 모양이죠."
　나는 병 같은 것은 모르는 편이 낫다고 생각해 왔다. 콜레스테롤이 많아도 모르는 편이 낫지 수치가 높다고 새우도 못 먹고, 생선의 알도 골라먹는 그런 행위는 죽기보다 하기 싫은 일이다.
　10년 전쯤에 갑자기 두 달 만에 10킬로그램 이상이 빠져도

난 병원에 가지 않았다. 빠른 시일 내에 체중이 빠지는 것이 암에 걸리는 증상이라는 것을 알면서도 난 절대로 병원에 가지 않았다. 내 스스로 봐도 병색이 완연한데도 최씨 고집으로 버티기만 하였다.

그러다가 우연히 함께 여행을 한 K씨가, 돌아오는 길에 맥주를 마시고 차 속에서 잠들은 나를 자기가 잘 가는 단골 병원 앞에 세운 후 강제로 납치해서 피를 뽑고 소변 검사를 시켰는데, 그 결과 내가 당뇨병에 걸린 것을 알았다. 그제서야 나는 10킬로그램의 체중이 갑자기 빠진 이유가 당뇨병 때문이라는 것을 알게 되었다.

병원에 안 가는 사람은 나 혼자뿐이 아니다. 아내는 나보다 더 심한 야만인이다. 아내 역시 아이를 낳을 때 산부인과에 간 것을 빼어놓으면 병원에 간 숫자는 다섯손가락도 채우지 못할 것이다. '앓느니 죽지'라는 말대로 아내와 나는 앓는 것보다 차라리 죽어버리는 것이 낫다고 믿는 아프리카의 토인들이다.

이러한 우리 부부를 가장 못마땅하게 생각하는 것이 아이들이다.

다혜는 기회가 있을 때마다 이야기한다.

"아빠, 엄마 제발 병원에 가서 종합 검진을 받아."

회사에 나가는 사람들은 일 년에 한 번 단체로 검진을 받는다고 한다. 우연히 검진을 받다가 위암 초기라는 판결을 받고 운수좋게 암세포를 떼어낸 동창 녀석도 있다. 오래 전에 죽은 내 동생 J군은 임신한 아내의 검진을 따라나서 내친김에 내시경으로 위 속을 들여다보는 순간 이미 온몸에 암세포가 퍼져 있어 손도 대지 못하고 몇 달 후 그만 죽어버렸다.

나이가 들면 누구든 일 년에 한 번은 종합 검진을 받아야 한다는 것이 아이들의 주장이었다.

"제발 병원에 가세요. 아빠."

"제발 병원에 가서 종합 검진 받으세요. 엄마."

하기야 난 당뇨 환자로 정기적으로 의사를 만나서 혈당을 체크해야 한다. 그렇지 않고 내버려두면 합병증에 걸릴 확률이 높다. 그런데도 아내와 나는 누구 고집이 더 센가 힘겨루기를 하는 사람들처럼 막무가내다. 내가 최씨 고집이라면 아내는 황씨 고집이다.

그런 아내와 내가 최근에 고집을 꺾었다. 평생 처음으로 우리 부부가 고집을 꺾고 종합 병원에 검진을 받은 것이다. 피천득 선생님의 아드님이신 피수영 박사가 있는 중앙병원에서 아내와 나는 검진을 받았다.

똑같이 둘이서 환자복으로 갈아 입고 피 검사에 오줌 검사 초등학교 때 이후로 처음으로 대변 검사까지 받았다. 초음파 검사에, 엑스선 검사, 그리고 마침내는 위 내시경 검사까지 받았다. 위 속에 고무 호스 같은 것을 집어넣어 놓고 이리저리 들여다보는데 너무나 고통스러울 것이라고 피박사가 잔뜩 겁을 주었다. 무슨 주사 한방 맞고는 십여 분 정신을 잃었다 깨고 보니 그 사이에 모든 검사는 완전히 끝이 나고 아내와 나는 회복실에 돌아와 잠들어 있었다. 그런데 그게 끝이 아니었다.

내시경 검사를 하던 의사가 갑자기 내 배를 어루만져 보더니 뱃속에서 혹이 만져지니까 일주일 뒤에 다시 와서 이번에 장 내시경 검사까지 해보자는 것이었다.

그렇지 않아도 왼쪽 아랫배가 가끔 둔하게 아파오긴 했었는데 그렇다면 뱃속에 무슨 악성 종양이 자라나고 있었단 말인가. 예약된 전날 밤에는 4l 병에 물을 잔뜩 채운 다음 병원에 오기 전에 그 물을 다 먹어치워야 한다는 것이다. 시키는 대로 물을 다 먹었더니 그대로 설사가 시작되었다. 들여다보기 전에 장 속을 미리 깨끗이 세척하려는 것이 병원의 의도였던 모양이었다.

먹은 것도 없는데 계속 설사를 했더니 병원으로 갈 때는 이미 초죽음이었다. 엉덩이가 까진 환자복으로 갈아 입고 침대 위에 눕자마자 펑크난 타이어에 바람을 집어넣듯 창자 속에 바람을 집어넣기 시작하였다. 이러다가 내 몸이 애드벌룬처럼 둥둥 떠오르는 것은 아닐까 겁이 날 지경이었다. 피박사가 내 손을 잡고 말하였다.

"긴장을 푸세요. 걱정하지 마시고요."

무슨 일이든 닥치면 난 긴장하는 편은 아니다. 이왕에 맞닥

네 속을 아느냐?

뜨린 일은 도망쳐봐야 소용없으니까 아예 순순히 받아들이는 편이다. 내시경이 내 창자 속의 미로를 이리저리 헤매고 다니는지 뱃속이 무슨 난장판이 벌어진 것처럼 불편하다.

고등학교 때 배웠던가. 창자의 길이가 8미터가 넘는다고. 8미터가 넘는 창자 속을 내시경이 광활한 우주를 떠도는 비행선처럼 이리저리 훑고 다니는 모양이었다. 무슨 영화였던가. 극도로 작아진 캡슐을 타고 비행사가 인간의 몸에 숨어드는 그런 공상 과학 영화가 있었다. 그때 본 인간의 내부는 마치 거대한 우주와도 같았다.

실제로 불교에서는 우리의 몸이 삼라만상의 우주와 일치하고 있다고 말하지 않던가. 다행히 걱정했던 것과는 달리 장 속에는 혹이 없었던 모양이었다. 담당 의사와 함께 모니터를 보고 있던 피박사가 내게 말했다.

"최선생 자신의 장 속을 한 번 들여다보시겠소?"

나는 고개를 들어 모니터를 보았다.

TV 화면 같은 모니터 위에는 총천연색으로 내 뱃속의 모든 모습이 적나라하게 드러나고 있었다. 분명히 내 몸 속이면서도 한 번도 보지 못했던 아마존의 밀림과 같은 비경을 갱부의 머리 위에 내어걸린 탐조등과 같이 내시경은 낱낱이 밝혀내고 있었다.

"어때요. 신비하죠. 아마도 최선생은 자신의 창자 속을 들여다본 최초의 환자일 것입니다."

피박사의 말대로 직접 내 눈으로 본 내 몸 속이 그처럼 아름다운 빛깔과 정교한 구조로 이루어진 하느님의 걸작품이라는 사실을 나는 처음으로 발견했다. 마치 우리가 살고 있는 지구를 먼 달나라에서 보았을 때 우리의 지구가 아름답고 신기한 초록의 별나라임을 발견한 우주비행사들처럼.

그렇다.

내 몸은 우주다.

내 몸은 빛나고 아름다운 별이다. 우주를 떠도는 또 하나의 행성이다.

그날 나는 종합 진단의 결과를 통보 받았다. 당뇨만 빼놓으면 모든 신체가 정상이라는 기쁜 소식이었다. 혈압도, 콜레스테롤 수치도, 심장도, 간도, 콩팥도, 눈도 모두가 정상이라는 결과였다. 아내도 비교적 건강하다는 통보를 받고 밤새도록 설사를 한 나는 비틀거리면서 병원을 나왔다. 돌아오는 길에 자동차로 전화가 걸려왔다. 받고 보니 도단이 녀석이었다.

"어때요?"

"어떠냐니?"

"병원 결과가 어때요. 아빠."

"정상이래."

"정말 괜히 우리들 듣기 좋으라고 거짓말 하는 것 아니죠."

"아니야 정상이래, 나도 그렇고 니 엄마도."

전화선 저편에서 함성이 일었다.
 아버지인 내가 건강하다는 것이 가족들에게 큰 기쁨이라는 것을 모르지는 않지만 이제 또다시 지긋지긋한 종합 검진은 받지 않을 것이다. 어차피 우리의 인체도 세월이 흐르면 자동차의 부속품처럼 낡아 고장나는 것은 당연할 테니까. 병들면 병든 대로 아프면 아픈 대로 나는 그대로 최씨 고집으로 버텨 나갈 것이다.

경허를 통해 부처를 만나다

6년 만의 소설

　최근에 나는 〈길 없는 길〉이란 전4권의 소설책을 펴내었다. 89년 가을부터 92년 겨울까지 3년에 걸쳐 중앙일보에 연재하였던 소설이다.

　〈잃어버린 왕국〉 이후 거의 6년만에 새로운 소설을 펴낸 셈이다. 그 동안에도 〈어머니가 가르쳐준 노래〉라든가 〈구멍〉과 같은 신작들을 발표하지 않은 것도 아니지만 어쨌든 나로서는 소설다운 소설책을 오랜만에 펴낸 셈인 것이다.

　초사월에 초판이 발행되어 지금까지 6개월이 지난 셈인데 필자인 내가 생각해도 깜짝 놀랄 만큼 50만 부에 가까운 부수가 판매되어 나갔다. 나로서도 좀 뜻밖의 일이고 2억에 가까운 인세가 한꺼번에 들어오니 갑자기 졸부가 된 촌놈 기분으로 좀 어리둥절한 느낌이 들고 있다.

서두에 판매부수에 대해서 스스로 얘기하는 것은 자랑해 보자는 뜻도 있지만 그보다 못 보던 사이에 갑자기 커진 독서 시장에 대한 놀라움 같은 것 때문이다.

그 동안 문단의 아웃사이더로서 종전에 볼 수 없었던 무지막지한 책 광고, 도대체 이름도 듣고 보도 못한 작가들이 어느 날 갑자기 5권짜리의 대하 장편소설을 들고 나오는 것을 보면서 어떻게 물량 작전으로 나올 수 있을까, 책이 무슨 세탁기나 전자 제품도 아닌데 어떻게 저렇게 엄청난 광고비를 책정할 수 있을까 의아해 했었는데 막상 오랜만에 책을 내고 단시일 내에 책이 팔려 나가는 그 속도감을 확인하자 소설책도 대량 판매될 수 있는 소비 상품이라는 것을 재삼 확인할 수 있었으며 그로 인해 즐거움 반 씁쓸함 반의 착잡한 감정까지 느끼게 되었기 때문이었다.

하루 종일 개미를 관찰하다

〈길 없는 길〉은 구한말의 뛰어난 선승 경허(鏡虛)를 주인공으로 하는 일종의 불교 소설이다.

경허는 1849년 8월 24일 전라북도 전주에서 태어났으며 아홉 살 때 벌써 청계사(淸溪寺)에 동진 출가하여 1912년 64

세의 나이로 저 북방의 삼수갑산에서 입적한 근세 한국 불교가 낳은 위대한 선승이라고 말할 수 있다.

내가 경허를 처음 발견하게 된 것은 1988년 가을이었다. 그 해 오월 조선일보에 4년간에 걸친 〈잃어버린 왕국〉의 연재를 끝내고 나는 난생 처음 아무것도 하지 않는 무위(無爲)의 나날을 보내고 있었다.

그보다 1년 전인 87년 6월 가톨릭에 귀의해서 베드로라는 영세명을 갖고 있던 나는 어느 날 하루 아침에 벼락을 맞은 피뢰침이 된 느낌이었다.

그때 나는 〈잃어버린 왕국〉을 다큐멘터리화 작업하는 KBS 제작팀과 일본 열도를 샅샅이 누비고 있었는데 연재 소설과 텔레비전 작업을 동시에 강행하는 데 지쳐 나는 내심 연재가 끝나면 생전 처음 아무것도 하지 않고 몇 년간 편하게 쉬겠다고 결심하고 있었다.

마침내 연재를 끝내고 텔레비전 작업도 끝내자 나는 일체의 모든 외부 세계와 단절하였다. 내 집에 문을 걸어 잠그고 나는 일체의 문 밖 출입도 하지 않았다. 내 집은 그대로 산문(山門)이 되었다.

어느 날은 하루 종일 거실에 앉아서 하늘을 나는 참새들을 관찰해 보았다. 어느 날은 탁자 위의 선인장 꽃을 하루 종일 바라보았다. 어느 날은 발가벗고 정원으로 나아가 조그마한 풀꽃들과 땅 위를 기어다니는 개미들을 하루 종일 바라보기도 하였다.
그런 일들로 나는 몹시 바빴다. 아무것도 하지 않는 일로 바쁠 수가 있다니. 나는 참으로 이상한 느낌이었다. 문단에 데뷔하고 나서 나는 20여 년 동안 매달 수천 장이 넘는 원고량을 마치 부도수표를 막는 기업가처럼 계속 써 내려갔었는데 그 무렵 내가 쓰는 원고량은 S사에 연재하는 〈가족〉의 20매, 《생활성서》라는 가톨릭 잡지에 연재하던 연작 소설 〈어머니가 가르쳐준 노래〉 30매 합해서 50매 뿐이었다.
배 고프면 밥 먹고 졸리면 잤다. 그리고 평소 읽고 싶었던 가톨릭에 관한 영적 독서물을 닥치는 대로 읽기 시작하였다. 그때 나는 정말정말 행복했다. 해질 무렵 거실에 앉아 앞집 지붕 위로 스러지는 저녁 노을과 저녁 노을에 불타고 있는 한강물을 바라볼 때면 나는 너무나 행복하고 기뻐서 춤이라도 출 것 같았다.
하루에 수십 통씩 걸려오던 전화도 내 쪽에서 먼저 마음을 끊으니 하루에 열 통 이내로 줄어들었다.
그러던 어느 날 우연히 불교에 관한 책을 읽게 되었다. 몹시 흥미가 있어서 S사로 찾아가 불교에 조예가 깊은 소설가 정찬주 씨를 앞세워 종로 2가 조계사 근처의 책방으로 가서 불교에 관한 책을 골라달라고 자문을 구한 적이 있었다. 그때 정찬주 씨는 열 권이 넘는 책을 골라 주었는데 그 중의 한 권이 경허의 법어집이었다.

'일 없음이 오히려 내 할 일'

　나는 그 이전에는 경허에 관해 그 이름을 들은 적도 없었고 아무런 상식조차 없었다. 무심히 경허의 법어집을 읽던 나는 경허의 선시 한 구절에서 심혼(心魂)의 불이 당겨지는 느낌을 받았으며 한 방망이 두들겨 맞은 느낌이 들었다. 경허는 근세 불교의 뛰어난 선승이었으며 또한 탁월한 선시를 쓰는 풍류 시인이기도 하였다. 경허가 남긴 뛰어난 선시 중에 〈우연한 노래(偶吟)〉란 다섯 편의 시가 있다. 그 내용은 다음과 같다.

우연한 노래

첫번째 노래
노을 비낀 빈 절 안에서
무릎을 안고 한가히 졸다
소소한 가을 바람에 문득 놀랍게 보니
서리친 단풍잎만 뜰에 가득해

두번째 노래
시끄러움이 오히려 고요함인데
요란스러운들 어찌 잠이 안 오랴

고요한 밤 빈 산달(空山月)이여
그 광명으로 한바탕 베개 하였네

세번째 노래
무사가 오히려 내 할 일이거늘
사립문 밀치고 졸다가 보니
그윽히 새들은 나의 고독함을 알고
창 앞을 어른거리며 지나가누나

네번째 노래
깊고 고요한 곳 이 마음의 산(那山)에
구름을 베개하여 조는 내 행색
에헤라 좋을시고 그 가운데 취미를
제멋대로 십자로(十字路)에 놓아두리라

다섯번째 노래
이 마음 헤아리기 어려운 일을
다만 곤하면 잠자는 것뿐
예부터 지금까지 전해지는 이 구절
다못 이 문전에 분명하구나

내가 한 방망이 얻어맞은 것은 세번째 노래의 한 구절 '일

작은 마음의 눈으로 사랑하라

없음이 오히려 나의 할 일(無事猶成事)'이란 구절이었다. 이 한 구절에서 나는 완전히 경허에게 사로잡히고 말았던 것이다.

일단 한 번 빠지면 미치고 보는 내 성격에 의해서 나는 경허에 관한 자료를 수집하기 시작하였으며 또한 경허라는 두레박을 통해서 불교의 우물 속으로 점점 깊이 빠져가게 되었던 것이다.

그런 의미에 있어서 경허는 나를 천축국으로 안내한 손오공이었으며 삼장법사이기도 하였다. 경허라는 두레박을 통하여 깊은 우물물의 정화수를 길어 마시는 동안 나는 또 하나의 위대한 인간을 만날 수 있게 되었다. 그것은 2천 5백년 전에 태어났던 부처라는 인간이었는데 나는 시간과 공간을 뛰어넘어 그렇게 매력적인 사람을 일찍이 만난 적이 없다.

물론 나는 가톨릭에 귀의하였으므로 이미 예수라는 분을 내 마음의 주인으로 모신 영적 체험을 한 상태였었다.

석가는 예수보다 5백년 먼저 인도에서 태어났다. 내가 알고 있는 역사의 주체자인 하느님은 두 사람의 위대한 인간을 이 지상에 태어나게 했다. 한 사람은 동양인 인도에서 또 한 사람은 서양인 예루살렘에서 태어나게 함으로써 불교는 동양의 정신과 사상과 철학과 신앙이 되었으며 기독교는 서양으로 번져나가 인본주의를 낳았으며 과학과 문명을 낳아 물질의 산물을 낳았음을 나는 비로소 깨달은 느낌이었다.

난류와 한류가 만나는 곳에 물고기가 많듯이 이제는 동양의 정신인 불교와 서양의 정신인 기독교가 함께 서로 만나서 정신과 육체의 조화를 이루는 그러한 새 역사의 장이 열릴 때가 다가온 듯한 느낌을 나는 받았었다.

우리 민족 원형질은 불교

그래서 나는 '불교적 가톨릭주의자' 혹은 '가톨릭적 불교주의자'가 된 느낌이었다. 또한 우리 민족의 핏속을 흐르는 원형질은 2천년 동안 우리의 영혼을 지배하였던 불교이며 그 불교가 피톨의 핵심임을 깨달았던 것이다.

부처는 참으로 위대한 사람이었다. 인간을 사랑하는 그 자비심으로 행한 8만 4천의 사자후들은 그 어느 것 하나 살아 있어 움직이지 않는 말들이 없었다.

지금껏 나는 왕도(王道)의 길이 인간이 가야 할 최선의 길이라는 것으로 알고 있었다. 왕도의 길이란 문자 그대로 왕이 되는 길, 남보다 뛰어나고 남보다 더 많이 가지며 남을 지배하는 그런 길이야말로 인간이면 추구해야 할 마땅한 길인 것으로 알고 있었다.

그러나 부처를 통하여 나는 올바른 인간의 길은 왕도의 길이 아닌 법도(法道)의 길임을 비로소 깨닫게 되었다. 부처는 법도의 길을 가기 위해서 스스로 왕궁을 버리고 자신의 왕국까지 버렸다. 그는 가족을 버리고 스스로 남의 밥을 빌어 먹는 철저한 무소유의 걸인이 되었다. 무(無)가 됨으로써 그는 절대의 해탈, 절대의 자유를 얻을 수 있었던 것이었다.

부처로부터 시작된 불(佛)의 등불이 해동(海東)의 우리 나라로 흘러들어 3천년 동안 꺼지지 않고 활화산이 되어 타오르고 있음을 자각했을 때 나는 민족적인 자부심을 느꼈다. 원효와 같은 성인이 태어날 수 있다는 것은 우리 민족의 사상적 깊이의 한 척도를 나타내 주는 단적인 예인 것이다.

원효를 비롯하여 의상, 자장, 태국, 보조국사, 나옹, 서산 등 맥맥히 이어져 내려오는 우리 민족의 성인들을 확인하였을 때 나는 경허라는 갓씨를 통해서 불교의 그 엄청난 숲과 우리 민족의 선각자들을 하나하나 그려보고 싶은 강한 충동을 느꼈었다. 그 충동이 이 소설을 쓰게 한 모티브였던 것이다.

1989년 여름 중앙일보에서 연재 소설을 써 주지 않겠느냐는 권유를 받자 무슨 일이든 무르익기를 기다리기보다는 일단 시작해 놓고 보는 내 무모한 성격에 의해서 그해 9월 연재를 시작하기로 결정하였다.

그러다 9월이 되자 10월로, 10월이 되자 11월로 당시 문화부 차장이었던 임재걸 씨를 만나 두 번이나 연기를 하였었다. 그만큼 소설의 도입부 부분이 어렵고 잘 풀리지 않았다.

원래 정한 제목은 〈길〉이었는데 〈길 없는 길〉이란 제목으로 바뀐 것은 사고(社告)가 나가기 하루 전이었다. 어느 날 낮잠을 자다가 〈길 없는 길〉이란 제목이 영감처럼 떠올라 정 정하였던 것이었다. 지금까지 50여 권의 책을 펴내는 동안 수 많은 제목을 정하였으면서도 나는 〈길 없는 길〉이란 제목이 가장 마음에 든다고 생각하고 있다.

 연재를 시작할 무렵 나는 그 여름 한 해를 수덕사의 승방에 서 지냈었다. 경허가 보임 생활을 하던 정혜사, 천장사, 개심 사, 부석사 등 호서 지방의 사찰들을 돌아다니면서도 나는 그 저 캄캄하고 솔직히 두렵기만 하였었다.

나＝경허

 당시 수덕사의 주지였던 법성 스님은 어느 날 나를 수덕사 의 대웅전 뒤뜰로 데리고 가서 가만히 호두 두 알을 주면서 이렇게 말하였다.

 "소설의 시작이 결제(結制)이니 소설이 끝나는 해제 때까 지 절대로 경허를 놓치지 마십시오."

 연재하던 3년, 날수로 천 일 동안 나는 경허를 놓친 적이 없었다. 솔직히 말해서 나는 천 일 동안 일찍이 한 번도 경험 하지 못했던 한 인간과의 만남을 혹독히 체험하였다.

 경허는 낮이나 밤이나 그 어디에서나 심지어 꿈 속에서까 지 내 마음을 지배하던 화두였었다. 경허는 내가 먹는 밥이었으며 내 머리 속에 떠오르던 끊임없는 생각이었다.

생각이 말을 낳고 말이 행동을 낳으며 행동이 습관을 낳고 습관이 성격을 낳으며 성격이 운명을 낳는다면 나는 경허로서 생각하고 경허로서 말을 하고 경허로서 행동하였으므로 나는 경허 그 자체가 되어 버렸다. 나는 경허의 입을 빌어 말을 하고 경허의 눈을 빌어 사물을 보고 경허의 손을 빌어 사물을 만지고 경허의 잠을 빌어 꿈을 꾸었다.

경허가 웃으면 나도 웃었으며 경허가 울면 나도 울었다. 경허가 술을 마시면 나도 술을 마시고 경허가 길을 떠나면 나 또한 길을 떠났다. 나는 경허의 그림자였으며 경허 또한 나의 그림자였다.

아니다. 내가 곧 경허였으며 경허가 곧 나였었다.

일찍이 경허는 〈둘이 없는(無二堂)〉이란 유명한 법문을 내렸었다. 그 내용은 어려우나 대충 다음과 같다.

'혹 차별상량(差別商量)이 다하지 못하였거나 혹 차별상량이 이미 다하였거나 이것이 둘 없는 것은 아니다. 그러하려면 어찌하려는가. 사오백 가지의 화류의 거리에 이삼천 곳곳마다 피리 불고 거문고 뜯는 흥겨운 누각이로다. 또 일러라. 이것이 둘 없는 소식이니라. 이것이 둘인 소식이니라. 알아 찾았다 하면 심히 어리석고 완벽한 놈이요, 알지 못하였다 하면 도리어 이를 허락하리라.'

경허의 법어대로 경허와 나는 이미 둘이 없는 하나의 집 그 자체였다.

 그런 의미에서 나로서는 소설가이기 앞서 참으로 행복한 작업을 해 보았던 그 첫경험이라 말할 수 있을 것이다. 어릴 때부터 장래 희망이 작가였으며 그것을 한 번도 바꾸어 본 적이 없던 나로서는 비로소 글을 쓰는 재미와 즐거움을 깨달은 느낌이다.

 바람이 나도 늦바람이 무섭다고 하는데 뒤늦게 다 늦어서야 글 쓰는 재미를 느낀 셈이니 이 얼마나 행복한 일인 것인가.

화두는 얻은 소득

 '내가 곧 부처'라는 명제야말로 팔만의 대장경을 단숨에 불태워 버릴 수 있는 진리의 불쏘시개일 것이다. 이제 경허도 없고 부처도 없다. 집필을 끝내면 이상하게도 그것은 내게 있어 죽어버린 과거가 된다.

 선의 검객 임제는 말하였다.

 "부처를 만나면 부처를 죽이고 달마를 만나면 달마를 죽여라."

 이제 와서 생각하니 내게 있어 죽여야 할 부처도 없고 경허도 없다. 처음부터 없었던 경허를 찾아 헤매었으니 부처를 만난 적도 없고 경허를 만난 적도 없는데 어디서 죽여야 할 부처를 애써 찾고 어디에서 죽여야 할 경허를 따로 찾을 것인가. 그러므로 나는 이렇게 말한다.

"부처를 만난 적이 없으니 죽일 부처도 없고 경허를 찾은 적이 없으니 죽여야 할 경허도 없다."

〈길 없는 길〉을 집필하면서 내가 얻은 소득 하나는 화두를 하나 얻었다는 점이다. 소설의 끝은 주인공이 심청전에 나오는 판소리 중 심봉사가 맹인 잔치에 나아가 황후가 된 딸 심청이를 만나서 눈을 뜨는 장면을 노래 부르는 것으로 끝이 나는데 그 판소리의 내용은 다음과 같다.

'심황후 이 말을 듣고 산호주령을 거둬잡고 버선발로 우루루루 부친의 목을 안고 아이고 아버지 여태 눈을 못 뜨셨소, 봉은사 화주승이 공들인다 하더니만 영험이 덜해선가 아이고 아버지 인당수 풍랑 중에서 빠져 죽던 심청이 살아서 여기 왔고 아버지 눈을 떠서 심청이를 보옵소서. 심봉사 이 말을 듣더니 아니 누가 날더라 아버지라고 해. 나는 자식도 아무도 없는 사람이오. 내 딸 심청이는 인당수에 죽었는데 어디라고 살아오다니 웬말이냐. 이것이 꿈이더냐 생시더냐 꿈이거든 깨지 말고 생시거든 어디 보자. 더듬더듬 만져보며 어찌할 줄 모를 적에 황극전 두르던 청학 백학 난봉군중 운무간에 왕래하던 심봉사 감은 눈을 휘번쩍 뜨고 심황후를 바라보니 얼씨구나 좋을시고 지화지화자지 좋을시고.'

〈길 없는 길〉의 소설을 끝낸 내가 얻은 유일한 소득이라면 심청이의 화두를 발견한 것이다. 심청전은 러브 스토리의 백미인 춘향전과 더불어 우리 민족이 낳은 최고의 설화이다.

심봉사는 왜 눈을 떴나?

잘 알려진 줄거리인대로 어린 심청이를 낳고 아내가 죽자 심봉사는 어린 딸을 안고 다니면서 동냥 젖을 얻어 먹여 키운다. 나이가 들어 심청이는 장승상 집에 가서 허드렛일을 하면서 눈먼 아버지를 봉양하였는데 하루는 장마가 들어 딸을 찾아 나섰던 심봉사는 다리 위에서 그만 발을 헛디뎌 물 속에 빠져 죽는 위기를 맞게 된다.

살려달라고 허우적대는 심봉사를 구해 준 사람은 봉은사의 화주승. 앞 못 보는 장님인 심봉사를 측은하게 여기는 그 중에게 심봉사는 어떻게 하면 눈을 뜰 수 있을까 묻는다. 화주승은 공양미 삼백 석만 내면 눈을 뜰 수 있다고 말하고 이에 솔깃해진 심봉사는 눈 뜨고 싶은 욕심에 화주승에 삼백석을 공양할 것을 약조하게 되는 것이다.

그러나 그것은 어디까지나 헛된 욕망일 뿐 화주승과 약속한 날짜가 다가오자 부처와의 약속을 지키는 것이 불가능하다는 것을 깨닫게 된 심봉사는 어쩔 수 없이 어린 딸애에게 하소연하게 된다. 기가 막힌 심청이는 어쩔 수 없었을 것이다. 심봉사는 바로 눈 앞에 있는 자신의 딸, 자신의 진리, 자신의 불(佛), 자신의 부처인 심청이를 보려 하지 않고 공양미 삼백 석이라는 방편만을 따로 구하고 있었던 것이었다.

눈을 떠라 민족이여

그렇다.
 심봉사는 심청이를 보려 하지 않고 눈을 뜨는 데만 몰두하여 이를 따로 구하고 있었던 것이다. 심봉사는 눈을 뜨는 데 평생이 걸렸지만 심청이를 본 것은 한순간에 불과하였다.
 마찬가지로 우리는, 우리 민족은 어째서 눈앞에 왔다갔다 하고 있는 심청이를 보려(見)하지 않고 다만 눈을 뜨기만을 고집하고 있는 것일까.
 아아.
 심청이는 우리 민족의 공통된 하나의 화두이다. 눈을 떠라 심봉사여, 눈을 떠라 우리 민족이여. 공양미 삼백 석을 따로 구하려 하지 말고 그냥 눈을 뜨고 그냥 함께 보라.
 그리고 나서 눈뜬 심봉사처럼 춤을 추자. 얼씨구나 좋을시구 지화자자 좋을시구. 어두운 눈을 내가 다시 뜨고 보니 천지일월이 장관이요 눈을 뜨고 다시 보니 그때 보던 얼굴이라. 얼씨구나 좋을시구 얼씨구나 좋다 좋네.

히말라야의 백설처럼

요즘 오랜만에 만나는 사람들에게 가장 자주 듣는 말 중의 하나는 다음과 같은 것이었다.
"그새 머리가 많이 하얘지셨네요."
날마다 거울 앞에 서서 들여다보는 것이 내 얼굴이라 나는 내 머리카락이 그렇게 많이 하얘지지는 않았다고 생각하는데 오랜만에 만난 사람들에게는 그렇지 않은 모양이다.
사실 내 머리는 이제 반백이다. 몇 년 전까지만 해도 그렇게 흰 머리카락이 많다고 느껴본 적은 없었지만 요즘엔 완전히 반백이 되고 말았다. 반백이라는 것도 봐주어서 그런 것이고 엄밀히 따져보면 백발에 가깝다는 것이 정확한 표현일 것이다. 이따금 머리를 깎으러 단골 목욕탕의 이발소에 가면 이발사가 내게 넌지시 물어보곤 한다.

"이젠 머리에 물들일 때가 됐는데요."

그러면 나는 새삼스레 내 머리카락을 쳐다보며 묻는다.

"머리에 물들이면 흉하지 않을까요."

"아, 아닙니다. 요즘엔 5분이면 물들일 수 있는 염색약들도 많이 있습니다."

나는 가끔 이발소에서 내 나이 또래의 사람들이 머리에 물들이는 모습을 볼 때가 있다. 머리에 무엇인가 잔뜩 바르고서 앉아 있는 사람들의 모습을 볼 때면 나는 왠지 측은하게 느껴진다. 왜 있는 그대로의 머리카락을 새까맣게 물들이려 하는 것일까.

실제로 오랜만에 고등학교 동창생들을 만나면 새까맣게 물들인 녀석들을 심심치 않게 만난다. 어떤 녀석들은 대머리를 감추기 위해서 가발까지 쓰고 다닌다. 늙어가면서 머리카락이 빠져 대머리가 되거나 머리가 하얗게 새어가는 것은 일종의 자연스러운 노화 현상일 것이다. 틀리는지 맞는지는 모르지만 머리가 하얗게 새는 사람은 대머리가 되지는 않는다지만 내 머리도 그새 숱이 많이 빠져 속알머리는 하얗게 드러나 보일 정도인 것이다.

나는 대머리가 되어서 가발을 쓰고 다니는 녀석들은 이해하지만 새까맣게 물들이는 친구들은 이해할 수가 없다. 오히려 얼굴에는 주름살이 가득한데 머리카락만 새까맣게 물들인 것을 보면 어딘지 부자연스럽고 어색해 보인다.

히말라야의 백설처럼
·
269

3년 전 SBS에서 〈왕도의 비밀〉 다큐멘터리 작업을 시작할 때 담당 프로듀서인 전형태 씨가 내게 정색을 하고 말을 한 적이 있었다.

"촬영 개시 전에 최선배께서 반드시 해야 될 일이 있습니다."

"그게 뭔데?"

내가 묻자 전형태 씨가 대답했다.

"머리를 물들이십시오."

나로서는 전혀 뜻밖의 말이었다. 촬영하기 전에 먼저 머리카락에 까만 물을 들이라니, 나 보고 새장가라도 들라는 말인가.

"왜, 왜 물을 들이라는 거야?"

내가 묻자 그는 대답했다. 이번 프로그램은 모험적 성격이 강한 다큐멘터리 프로그램이다. 그런데 그 프로그램을 끌고 갈 주인공인 내가 흰 머리카락의 노인처럼 보이면 프로그램 자체가 박력이 없고 맥이 빠져 보인다는 게 그의 설명이었다.

나로서는 기가 막힌 일이었다. 하기야 대통령도 머리카락을 새까맣게 물들인 적이 있었다. 젊은 대통령, 새까만 머리카락을 가진 젊은 대통령의 이미지로 국민들에게 다가가고 싶은 고도의 홍보 작전이었을 것이다. 그러나 과연 새까맣게 머리카락을 물들인다고 해서 그가 젊은 대통령으로 탈바꿈할 수 있는 것인가. 최근에는 대통령 후보 중의 한 사람이 느닷

없이 머리에 물을 들였다. 아마도 선거 참모 중의 한 사람이 후보에게 강력한 박력을 가진 젊은 후보로서의 이미지를 널리 선전하기 위해서 그런 충고를 했을지는 모르지만 나는 그렇게 변한 모습을 별로 좋아하지 않는다.

나이가 들면 머리가 하얗게 새는 것은 자연스러운 일이다. 이것은 마치 나무가 가을이 되면 붉은 단풍으로 물들고 겨울이 되면 나뭇잎이 떨어지는 것과 같은 순리인 것이다. 새파랗게 젊은 나이에 갑자기 백발이 되는 것도 이상하지만 나이가 들었는데도 유독 머리카락이 새까맣게 보이는 사람 역시 부자연스러운 것이다. 그래서 나는 담당 프로듀서에게 심통을 부리면서 대답하였다.

"난 때려죽여도 머리에 물을 들이지 않을 테야. 만약 내 머리카락이 못마땅하면 리포터를 딴 사람으로 갈아버리던지."

최근 어느 식당에서 밥을 먹다가 아내 역시 흰 머리카락이 많은 것을 보고 나는 놀랐다. 아내는 나와는 달리 갈색 머리카락이어서 흰 머리카락이 쉽게 눈에 띄지 않는다.

그런데 며칠 전 나는 아내가 거울 앞에 서서 자신의 머리카락 속에서 흰 머리카락을 뽑아내는 모습을 본 적이 있다. 아내의 머리카락에서 흰 머리카락이 보이지 않았던 것은 아내의 머리카락이 갈색이어서 흰 머리카락이 눈에 띄지 않거나 머리가 새지 않아서가 아니라 아내가 그때그때 흰 머리카락을 솎아내 왔기 때문인 것을 깨달았던 것이다. 그런데 햇빛이

히말라야의 백설처럼

밝은 음식점 유리창 앞에 앉아서 칼국수를 먹고 있는 아내의 머리카락 속엔 대여섯 개의 흰 머리카락이 반짝이고 있는 것이다.

"흰 머리카락이 솟아났네."

내가 무심코 말하자 아내는 한숨을 쉬면서 말하였다.

"많이 났어?"

"대여섯 개 가량 났어."

"오늘 밤 뽑아야지."

아내에게도 뽑아서 없앨 만큼의 흰 머리카락보다 더 많이 흰 머리카락이 급속도로 늘어갈 때가 곧 다가올 것을 나는 안다. 흰 머리카락을 생기는 대로 뽑다가는 성한 머리카락이 남지 않아 대머리가 되어버리는 때가 곧 다가올 것이다. 요즘엔 정말 흰 머리카락이 많이 났다. 흰 머리카락뿐만 아니라 얼굴에 주름도 늘어가고 술이라도 마신 다음날은 눈가에 깊은 주름이 패어 있다. 그럴 때면 나는 혼잣말로 '정말 머리에 까만 물이라도 들여볼까' 하고 중얼거린다. 그러다가 갑자기 나는 당나라의 시인 이백(李白)이 쓴 그 유명한 오언절구를 떠올린다.

백발의 길이는 무려 삼천 장
근심으로 저같이 길어졌는가
알지 못하겠다. 거울 속의 사람이여

어디서 서리를 얻어왔는가

 이백의 이 시는 인생의 무상을 탄식한 연작 17수(首) 중의 가장 유명한 시 구절이다. 이 중에서 '백발의 길이는 삼천 장(白髮三千丈)'이란 구절은 중국식 과장의 표현으로 잘 인용되는 유명한 구절인데, 이백의 시처럼 내 머리카락의 백발도 그냥 그렇게 생겨난 것이 아니라 근심과 고통과 슬픔과 혹은 기쁨과 환희의 그런 희로애락의 풍랑 속에서 그렇게 물들어간 개인의 역사인 것이다. 이백은 갑자기 백발로 변해 버린 자신을 알지 못하겠다고 한탄하고 있지만 거울 속에 서 있는 내 모습이야말로 알 수 없는 또 하나의 내 모습인 것이다.

 거울 속에 있던 어제의 내 모습은 어디에 갔는가.
 거울 속에는 또다른 내가 서 있구나.
 새카만 머리 속의 청춘은 어디가고
 흰 머리카락의 눈사람이 여기 서 있구나.

 내 머리카락에는 이백의 시처럼 서리(霜)가 내린 것이다. 가을이 오면 이슬이 맺히고 서리가 내리듯 내 머리 위에도 서리가 내린 것이다. 이제 때가 되면 내 머리카락 위에 내린 서리는 함박눈으로 변해 내 머리에는 설산(雪山)이 생겨날 것이다.

히말라야의 백설처럼

내버려두어라. 내 머리 위에 생기는 서리와 곧 다가올 설원 눈발을, 그것이 내 인생을 살아온 발자취인데 그것을 지워 무엇할 것인가. 언제나 만년 서리가 덮여 있는 히말라야의 산맥들은 얼마나 아름다운가. 거울 앞에 서서 흰 머리카락을 볼 때마다 눈덮인 히말라야의 웅장한 산들을 떠올리는 요즘이다.

젊은 날의 약속

해마다 연말이면 술자리가 많아진다. 무슨 친목회다 송년회다 회식이다 모임이다 해서 여기저기서 초청장이 오고 참석해 달라는 연락이 온다. 나는 무슨 단체에 들어 있는 사람도 아니고 직장에 나가고 있는 사람이 아닌 데도 정신을 차릴 수 없을 만큼 그런 술자리가 연말이 되면 많아지는데, 직장에 나가고 있는 사람은 얼마나 고달프겠는가. 나는 가능하면 그런 모임에 나가지 않으려 한다.

그러나 해마다 연말에 한 모임만큼은 가능하면 나가려 한다. 그것은 고등학교 동창생들이 모이는 망년회 자리이다. 예전에는 이 모임에도 자주 빠지곤 해서 친구 녀석들에게 비난의 대상이 되곤 했었는데, 몇 년 전부터는 꼬박꼬박 회비를 들고 참석하고 있다.

원래 함께 졸업한 동창생 숫자는 오백여 명이다. 그 중 이백 명 이상은 주로 미국으로 이민간 녀석들이라 국내에 남아 있는 숫자는 삼백 명도 채 되지 않는다.

우리가 젊었을 무렵인 70년대까지 최고의 희망은 미국으로 이민을 가거나 미국으로 유학을 가는 일이었다. 대학을 우수한 성적으로 졸업한 인재들이 미국으로 이민가기 위해서 닭의 엉덩이를 까뒤집어 암수를 가리는 병아리 감별사가 되기도 했고, 미국으로 건너가서는 가발 장사에, 청소에, 고속도로에서 죽은 시체를 치우는 장의사 노릇으로 악착같이 돈을 벌었다.

주로 1945년에 태어나 해방둥이들인 내 동창생들은 태어난 팔자대로 한창 꿈과 동심에 잠겨 있을 어린 나이에 6·25 전쟁을 겪었으며 그리고 따발총 맞아 죽은 시체들을 수도 없이 보아왔다. 그러다 양키들과 걸어가는 순이 누나를 좇아가면서 '양갈보, 똥갈보' 하며 놀려 대기도 했었으며, 미군들을 보면 엉터리 영어로 '헤이헤이, 기브 미 츄잉껌. 먹던 것도 좋아요. 씹던 것도 좋아요' 하고 소리지르기도 했었다. 그때 미국이라면 천국처럼 느껴지고 지상의 유토피아처럼 생각됐던 때문인지 우리 동창생들은 너도나도 미국으로 떠나버렸다. 아까운 놈은 월남전에 참전했다가 총 맞아 죽기도 하고.

그래서 국내에 남아 있는 녀석은 삼백 명도 채 되지 않는데 벌써 죽은 녀석들의 숫자가 오십 명에 육박하고 있단다. 한때

작은 마음의 눈으로 사랑하라
●

모두 외우고 다녔던 녀석들의 이름도 이제는 가물가물하다. 회식장에 들어설 때 이름을 적어 나눠준 명찰을 가슴에 붙이지 않으면 제대로 이름을 부를 수 없을 만큼 세월이 흐르고 나이가 먹어 해방둥이 녀석들이 이젠 영락없이 대머리에다 쪼글쪼글 늙은 할아버지의 모습들이다. 그러니 벌써 오십여 명의 친구들이 죽어버려서 영영 동창회에 참석하지 못한다는 사회자의 보고는 너무나 당연한 일인지도 모른다. 하기야 우리가 고등학생이었을 때는 쉰 살이 넘은 사람들은 아예 사람 취급을 안하지 않았던가. 만나서 으레 하는 인사가 '너 어쩌면 그렇게 안 늙었니', '너 어쩌면 옛날 그대로니' 하고 주접을 떨어봤자 보이는 놈 모두가 삶은 시금치꼴이다. 그러니 이제는 해마다 죽어가는 녀석들 숫자만 늘어갈 것이다. 언젠가는 살아 있는 숫자보다 죽어버린 녀석들의 숫자가 더 많아질 것이고 그러다가 동창생 모임은 영원히 이 지상에서는 열리지 않는 폐회가 돼버릴 것이다.

  그래도 나이가 들어갈수록 제일 정다운 것이 고등학교 동창생들이다. 같이 학생들일 때는 서로 싸우고 아득바득하던 녀석들도 그때의 우정은 무슨 이익을 노리는 계산적인 사교가 아니었으므로 순수한 열정으로 오랜 세월이 흐른 지금에도 훈장처럼 빛나고 있다. 암에 걸렸다가 성공리에 수술을 끝마친 한 녀석은 작년에 악수를 할 때는 손이 얼음처럼 차가워서 불안했는데, 올해 악수를 할 때는 손이 따끈따끈해서 이

젊은 날의 약속
•

친구 진짜로 암을 이겨냈구나 하는 기쁨을 느낀다. 그렇다. 아무리 못 만나는 녀석들이라고 해도 한번에 녀석의 건강을 꿰뚫어볼 수 있는 것이 동창생들인 것이다.

이번 모임에는 기쁜 일도 있었다. 동창생 중에 두 명이나 국회의원에 당선된 것이다. 우리들 모두는 국회의원을 대단한 벼슬이라고 생각지는 않는 편이다. 그러나 우리 친구 중에 두 명이 국회의원 나으리가 되었으니 이 얼마나 대견한 일이냐.

그러나 그런 기쁜 일도 잠시뿐. 왠지 올해의 망년회는 어딘지 무겁고 우울한 느낌이었다. 백 명 가량 참석한 성대한 모임이었는데도 모든 사람의 얼굴은 어둡고 술 마실 일도 삼가는 썰렁한 분위기였다. 망년회에 나가면 나는 항상 반가운 친구 L군의 얼굴부터 찾곤 했는데 이상하게도 단골손님인 L군의 모습이 보이지 않는 것이었다. 영화감독을 하는 이장호가 옆자리에 있어 그 이유를 물었더니 귓속말로 L군이 부도를 냈다고 말해 주는 것이었다. 그 말을 듣는 순간 난 가슴이 철렁 내려앉는 느낌이었다.

L군은 우리 동기 중에서 모르는 사람이 없을 정도로 유명한 친구다. 고등학생 시절 L군은 타학교에서도 모르는 사람이 없을 정도로 유명한 싸움꾼이었다. 얼굴이 구공탄처럼 새까매서 별명이 '깜씨' 혹은 '깜상'이라고 불렸는데, 녀석은 학교 뒷동산에서 담배를 피우면서 내게 이런 말을 하곤 했었

작은 마음의 눈으로 사랑하라

다.

"인호야, 내가 이 다음에 돈을 많이 벌면 출판사를 차려서 네 책을 출판해 줄게."

그 당시에는 작가란 가난한 사람이라는 인식이 박혀 있었다. 그래서 장래 소원이 사업가였던 녀석은 돈을 많이 벌어 내 책을 출판해서 나를 출세시켜 주겠다고 친구로서 약속한 것이었다.

녀석이 출판사를 차리지 않아도 내 책은 출판되었지만 아직도 녀석의 약속은 지켜지지 않았으니 해마다의 모임 때면 난 이렇게 말하곤 했었다.

"야, 임마 넌 고등학교 때의 약속을 아직 지키지 못했어. 넌 사기꾼이야."

그러면 녀석은 이렇게 말했다.

"네 책을 해외에 번역시켜 노벨 문학상을 타게 해줄게."

그런 녀석이 쓰러졌던 것이다. 사업 수완도 좋고 의리도 있는 내 친구가 부도를 냈다는 것이다.

비단 L군의 일이 아니더라도 심각한 경제의 불경기를 반증이라도 하듯 어딘지 망년회의 분위기는 어둡고 쓸쓸하였다. 이른바 불경기에 때맞춰 요즘 한창 사회적 현상을 일으키고 있는 퇴직 바람이 우리 친구들에게 불어닥치고 있다는 것이었다. 서로 말을 하지는 않았지만 누가 명예퇴직 당했고 누가 회사를 그만두었다는 귓속말이 오고가게 되자 술맛이고 밥맛이고 싹 달아나는 느낌이었다.

"우린 열심히 살아왔습니다. 중학생 땐 4·19도 겪고 고등학생 땐 5·16도 겪었습니다. 70년대의 저 고속 성장기에는 산업의 최전선에서 젊은 일꾼으로 미친 듯이 일해 왔습니다. 그런데 이젠 우리 모두가 못쓰게 된 퇴물이 되어서 쓰레기처럼 버려지고 있습니다."

동기회장의 인사말은 그렇지 않아도 무거운 망년회를 무슨 추도회장으로 만들어 버린 느낌이었다.

술을 마시기 위해서 아예 차를 가지고 나오지 않은 나는 갑자기 입 안에 술을 퍼넣기 시작하였다. 이럴 수가 있는가. 우리 나이가 벌써 이렇게 되었단 말인가. 내 친구들이 회사에서 직장에서 쫓겨날 나이가 되었단 말인가. 내 친구들, 저렇게 똑똑하고 패기있는 내 친구들이 재활 불가능한 음식 쓰레기가 되어서 비닐봉투에 담겨진 채 냄새를 풍기면서 쓰레기장에 버림을 당하고 있단 말인가. 요즘에 난데없이 〈아버지〉란 소설이 유행한다던데 그렇다면 우리가 바로 그 소설 속의 주인공인 쉰세대의 '아버지'란 말인가.

어떻게 이럴 수가 있는가. 인간은 가전제품이 아니다. 인간은 유통 기한이 명시된 식료품이 아니다. 새것일 때가 가장 예쁜 옷, 새것일 때 가장 성능이 좋은 자동차, 0.5초 더 빠른 최신 컴퓨터 모델, 오늘 최신 전화기도 내일이면 낡은 구식 전화기가 되어가는 사회, 그러나 그것들은 어디까지나 물질

작은 마음의 눈으로 사랑하라

인 것이다. 새로움을 추구하는 것은 물질에서나 가능한 것이지 인간에게는 해당되지 않는 것이다. 영원한 새것은 없으며 새것은 태어난 순간에 이미 낡은 구형이 되어 버린다. 이것이 물질의 비극인 것이다. 그러므로 물질은 끊임없는 소비를 필요로 하며 새것을 추구하는 중독 현상을 일으킨다. 그러나 인간이 이제는 물질이 되어 버렸다. 새것, 젊음을 추구하는 인간은 사람을 단지 실용적인 가전제품으로, 취급하는 상표로밖에 보지 않는 것이다.

건강한 사회는 모든 세대의 사람들이 조화를 이루는 균형 감각을 가지고 있어야 한다. 새것만을 추구하는 물질 의식은 미성년자의 젊은 아가씨들을 유혹하는 병리 현상을 불러일으키는 것이다. 노인은 노인대로 존경받고 장년은 장년대로 대접받고 중년은 중년대로 꿋꿋하고 청년은 청년대로 패기 있고 소년은 소년대로 용기있는 사회, 노소가 함께 어울리는 그런 사회야말로 가장 건강한 사회가 아니겠는가.

대부분 아들딸을 시집장가 보내는 나이, 그래서 인생에 있어 가장 돈이 많이 필요한 나이, 가장 사회적 지위가 필요한 나이에 내 친구들이 당뇨병에 걸리고 고혈압에 걸려서 씹다 버린 껌처럼 길바닥에 버려진다. 아, 이 버르장머리 없는 사회를 도대체 어쩔 것인가.

그날 밤 나는 술에 대취했었다. 위스키를 대여섯 병 나눠 마셨는데 술을 산 변호사는 나중에 인사불성이 되어서 차에

젊은 날의 약속

거꾸로 실려갔다. 열두 시가 넘은 밤거리를 걸어오면서 나는 술 취해 노래를 불렀다.

　오늘도 걷는다마는 정처없는 이 발길,
　지나온 자욱마다 눈물 어렸다.
　선창가 고동소리 옛님이 그리워도,
　나그네 흐를 길은 가이 업어라.

　싸락눈 내리는 밤길을 걸으며 나는 중얼거렸다. 그렇다. 오늘 밤도 나는 걷는다. 정처없는 이 발길로. 옛날을 그리워하며 옛님을 그리워하며. 잘 있거라, 옛날의 옛님들이여. 묵은 해를 보내고 새날을 맞는 새아침에 평안히 잘 쉬어라.

자나깨나 운전 조심

내가 운전 면허를 처음으로 땄던 것이 1983년, 그러니까 올해로 15년이 되어간다. 그 당시만 해도 누구든 운전기사를 고용하는 것이 대부분이었다. 내가 차를 처음으로 가졌던 것이 70년대 중반기였던 것을 보면 그때 나는 나보다 나이 많은 사람들을 운전기사로 고용하곤 했었다.

운전기사를 두어본 사람들은 잘 알겠지만 낯선 사람을 채용하고 있다는 것은 여간 부담스러운 일이 아니었다. 달리 직장이 있는 것도 아니고 특별히 정해놓고 외출하는 일도 없이 그저 집에 틀어박혀 글이나 쓰고 있던 나는, 집안에 나보다 나이 많은 운전기사가 빈둥거리고 앉아 있는 모습을 보면 어디론가 떠나야 할 것 같아 쓸데없이 바쁜 척 차를 타고 교외에 나가서 갈비를 뜯어먹고 돌아오곤 했었다. 어쩌다 술을 마실 때도 누군가 나를 기다리고 있다는 생각에 안절부절 못한 채 술맛이고 뭐고 도망치다시피 돌아오곤 했었다.

내가 직접 운전을 하면 그만이겠지만 나는 왠지 운전과는 거리가 먼 것으로 느껴지곤 했었다. 워낙 기계에는 백치라 두꺼비 퓨즈가 끊어져 정전이 되어도 가까운 전파상에 뛰어가 기술자를 불러오는 것이 고작이다. 그런 내가 어떻게 자동차를 운전할 수 있다는 말인가. 솔직히 말해서 나는 자전거조차 타지 못한다. 중학교 2학년 때였던가. 그 당시만 해도 자전거는 사치품이었는데 친구 녀석이 일제 자전거를 사가지고 학교로 끌고 와 운동장에서 폼을 재고 있었다. 한 번만 태워달라고 애원해서 겨우 얻어탈 수 있었는데 그만 서너 바퀴 굴러보기도 전에 옆으로 쓰러져 지금도 내 정강이에는 그때 찢긴 상처가 남아 있다. 그러나 문제는 그것이 아니었다. 자전거가 넘어질 때 바퀴가 비틀려 휘어져 버린 것이다. 그때 받은 마음의 상처 때문인지 나는 지금도 자전거를 타지 못한다. 두 개의 바퀴를 가진 자전거도 제대로 못 다루는 내가 어떻게 네 개의 바퀴를 가진 자동차를 다룰 수 있을 것인가.

83년 봄이었던가.

아내와 나는 중대한 결심을 하고 운전 교습장을 찾아갔다. 나중에 산수갑산 가는 한이 있더라도 일단 운전면허는 따고 보자는 각오였다. 결론부터 말해서 나는 세 번 떨어진 후에 면허를 땄다. 면허 시험을 볼 때 우황청심환까지 먹었던 아내는 유관순 누나처럼 만세를 불렀대나 말았대나.

　면허증을 따고 나서도 겁이 나 운전대를 잡지 못했던 나는 어느 날 갑자기 운전기사가 며칠 내로 그만두겠다고 고백해 오자 바로 그 순간부터 이를 악물고 운전 연습을 하기 시작하였다. 운전대를 잡은 그 즉시 나는 남산터널을 지나 그 당시 가장 교통이 복잡하던 충무로까지 원정을 다녀오는 모험을 성공리에 끝낼 수 있었다. 그로부터 15년 동안 나는 한 번도 사고를 낸 적이 없었던 무사고 운전사였다. 아내는 면허증을 따고 나서도 지금까지 단 한 번도 운전대조차 잡아보지 않았으므로 나보다 더 완벽한 무사고 운전사라고 말할 수 있을 것이다.

　교통사고를 당해 수 개월간 누워보기도 하고 어쩌다 생긴 접촉 사고 때문에 찌그러진 차체를 고치기도 하였지만 나는 어디까지나 피해자였지 가해자는 아니었던 것이다. 그러던 내가 마침내 사고를 냈다. 사고도 보통 사고가 아니라 사람을 친 것이다.

　사건의 발단은 이렇다.

　지난 7월 5일 나는 후배 녀석들과 만나 점심을 먹고 헤어진 뒤에 혼자서 목욕을 하고 집으로 돌아오던 길이었다. 요즈음엔 큰 도로보다도 이면도로가 교통이 더 복잡한 편이어서 골목길을 가던 나는 교차로에서 차가 정체되자 순간 차를 돌려 다른 방향으로 돌아가기로 결심했다. 마침 왼쪽에 겨우 차

자나깨나 운전 조심
·

를 한 대 돌릴 수 있는 공간이 있었으므로 서두르며 차를 후진시키던 나는 돌연 차의 오른쪽에서 터져흐르는 비명소리를 들었다.

아차, 하는 마음으로 소리나는 쪽을 보았더니 웬 할머니 한 분이 비명을 지르고 계셨다. 놀란 나는 급히 차에서 내려가 보았다. 차의 바퀴가 할머니의 발등을 넘어간 모양이었다. 나를 보자 할머니는 털썩 주저앉았고 사람들이 순식간에 몰려들었다.

당황한 나는 무엇을 어떻게 해야 하는지 판단이 서지 않았다. '병원에, 할머니를 병원에!' 하는 소리에 퍼뜩 정신이 들어 할머니를 업어 차에 태우고 가까운 안세병원으로 차를 몰았다. 나는 무슨 꿈을 꾸는 듯한 느낌이었다. 한눈에도 대수로운 사고는 아니었다. 젊은 사람이라면 가볍게 툭툭 털어버릴 수 있는 작은 사고였다. 운동신경이 발달한 사람이라면 아예 그런 일조차 일어나지 않았을 것이다. 요즘 골목길에는 어디나 사람들의 인파가 파도처럼 넘쳐흐르고 있으므로 차를 운전하는 사람은 물론 오가는 행인들도 스스로 차를 조심해야 할 의무가 있는 것이다. 그러나 상대방은 할머니. 이유야 어쨌든 잘못은 내게 있는 것이 아닌가.

바퀴가 발등을 넘어갔다면 뼈가 약한 할머니한테는 치명적인 상처가 될지도 모른다. 뼈가 으스러졌거나, 금이 갔거나, 발가락이 부러지는 골절상이라도 입었다면 도대체 어떻게 할

작은 마음의 눈으로 사랑하라
•

것인가. 아니 그보다도 요즘 사람들은 보통 영악스러운 것이 아닌데 이 사고를 빌미로 두고두고 나를 계속 괴롭혀 오면 그 땐 어떻게 할 것인가.

병원으로 가는 내 마음은 복잡하였다.

병원에 내리고 보니 할머니는 평소에도 혈압이 높아 약을 계속 먹는 중이었고, 충격으로 자신의 이름과 나이조차 제대로 기억해 내지 못하는 것이었다. 나는 덜컥 겁이 났다. 혹시 이러다가 혈압으로 쓰러지시는 것이 아닐까. 그렇게 되면 발의 상처는 고사하고 더욱더 무서운 결과를 초래하게 되는 것은 아닐까.

마침 토요일 오후라 병원 문은 닫혀 있었다. 응급실을 지키던 당직 의사는 서둘러 엑스선 촬영을 한 뒤에 필름을 조명등 위에 올려놓고는 이리저리 할머니의 뼈를 관찰하기 시작하였다.

나는 판사 앞에서 선고를 기다리는 피고의 느낌으로 조마조마하게 젊은 당직 의사의 입을 쳐다보았다.

다행히 뼈에 금이 가거나 부서진 흔적은 없지만 일단 월요일 아침에 정형외과 의사의 최종 판단을 들어봐야 확실할 것이라고 말했다. 일단 오늘은 깁스를 한 다음 목발을 짚고 돌아가셔서 이틀 동안 결과를 지켜보자는 것이 당직 의사의 소견이었다.

내 눈에도 발등이 붓거나 통증이 심하지 않고 단지 발등 위에 멍든 자국만이 있는 것으로 봐서 증세가 가벼운 것 같은 느낌은 들었지만 그래도 마음이 놓이지 않았다. 할머니는 놀람의 충격으로 계속 가슴이 뛰고 얼굴이 달아오르시는 모양이다. 소문을 들었는지 할아버지도 뛰어오셨고, 할머니를 댁으로 모셔갔더니 따님도 친정으로 급히 달려온 모양이었다. 난 정말 죽을 죄를 지은 느낌이었다.

그러나 할머니의 가족들은 한결같이 훌륭한 분들이었다. 입장을 바꿔서라도 나 같으면 흥분해서 펄펄 뛰고, 전후사정이야 어떻든 내 아내 또는 내 어머니에게 피해를 준 당사자이니 본능적으로 미워서라도 노려보고 따졌을 것이다. 그러나 이분들은 한결같이 온유하셨다.

"무슨 운전 솜씨가 그렇게 서툴러."

얼마 전 심장 수술을 하셨다는 할아버지는 내게 그렇게 핀잔을 주는 것이 고작이었고 할머니는 오히려 나를 위로하며 이렇게 말씀하셨다.

"재수없는 것은 젊은 양반도 마찬가지지. 잘못한 것은 피차 일반이오."

집으로 돌아온 뒤 휴일 이틀을, 나는 꼬박 불안 속에서 지냈다. 두려움보다 죄책감이 내게 더 큰 고통이었다.

월요일 아침 병원에서 만난 정형외과 담당 의사는 밝은 표정으로 최종 진단을 내렸다.

"일주일이면 나으십니다. 더운데 편하게 쉬세요."

할머니 역시 밝은 표정을 지으며 투박한 평안도 사투리로 내게 이렇게 말씀하셨다.
"너무 걱정 마시라요."
나는 일주일쯤 지난 후 할머니의 집을 방문할 것이다.
이태옥 할머니.
한결같이 마음이 선하시고 착하신 이태옥 할머니에게 내가 어떤 마음의 위로를 보낼 수 있었을 것인가. 그 어떤 절박한 상황 속에서도 마음의 여유와 상대방을 헤아리는 따뜻한 마음을 지닌 이태옥 할머니에게 나는 도대체 무슨 선물을 보낼 수 있을 것인가.
그러나 뭐니뭐니 해도 이번 사건을 통해 내가 얻은 최고의 교훈은, 자나깨나 운전 조심, 사고 내고 후회 말고, 미리미리 운전 조심, 꺼진 운전도 다시 보자. 그것 하나뿐이다.

개자추(介子推)의 교훈

이제 승부는 끝이 났다. 피말리는 반집의 승부는 마침내 21세기를 열어가는 우리의 새 대통령으로 김대중 후보를 선택하는 것으로 끝이 났다.

5차례의 죽을 고비와 6년의 투옥 생활, 10년의 가택 연금으로 평생을 고난과 가시밭길에서 보낸 김대중 후보의 승리를 보면서 나는 문득 춘추전국시대의 진(晋)나라의 문공(文公)을 떠올렸다.

진나라의 문공은 공자(公子)로서 아버지(獻公)에게 추방 당하여 자그마치 19년 동안이나 전국을 유랑하며 망명 생활을 하였다. 마침내 62세의 늙은 나이로 조국인 진나라로 돌아와 왕위에 오름으로써 사기(史記)에 나오는 인물중 가장 극적인 승리를 거둔 사람인데, 71년도에 46세의 나이로 대통령 후보에 나섬으로써 혹독한 정치적 시련의 소용돌이에 휩쓸린 인동초(忍冬草) 김대중 후보의 대통령 당선은 바로 19년 동안이나 망명 생활을 하다가 왕위에 오른 문공의 생애와 매우 닮아 있는 것이다.

그러나 문공에게는 역사적 교훈이 있다. 19년 동안이나 유랑 생활을 할 때 문공에게는 그를 도와준 5명의 현신(賢臣)이 있었다.

마침내 왕위에 오르기 위해 문공이 황하를 건널 때 그의 가신이었던 구범이 이렇게 말하였다.

"저는 문공을 따라 천하를 주유하였습니다. 그동안에 제가 과실이 많았던 것도 제 자신이 잘 알고 있습니다. 청하옵건대 이제는 물러가게 해주십시오."

이에 문공이 보옥을 강물 위에 던져 구범과 맹세하며 말하였다.

"만약에 내가 왕위에 올라 매사를 그대와 함께 꾀하지 않는다면 황하의 신이 나에게 벌을 내릴 것이다."

이때 개자추(介子推)가 함께 배에 타고 있었는데 그는 웃으면서 말하였다.

"실로 하늘이 공자의 앞길을 열어 주었다. 그런데 구범은 그것을 자신의 공로라 하고 보수를 요구하고 있으니 참으로 부끄러운 일이다. 나는 차마 이런 사람과 일할 수 없다."

개자추는 스스로 산에 숨어 버렸다. 그의 어머니가 아들에게 이렇게 말하였다.

"어째서 너는 봉록을 구하지 않는가?"

이에 개자추는 다음과 같이 대답한다.

"하늘은 실로 우리 군주의 앞길을 개척해 주셨다. 그것을 군주를 따르실 공신들이 모두 자기의 공로라고 하니 이것이 속임수가 아니고 무엇인가. 남의 재물을 훔치는 것도 도둑이라 하는데 하늘의 공을 탐내어 자기의 공로라 하는 것도 도둑이 아닐 것인가. 어차피 말이란 자신을 꾸미는 것, 꾸미는 것은 출세를 원하는 것입니다."

아들의 말을 들은 어머니는 이렇게 말하였다.

"네 말이 옳다. 너와 함께 숨겠다."

왕위에 오른 문공은 상을 주기 위해 세 번이나 개자추를 불러들였다. 그러나 개자추는 산 속에서 나오지 않았다. 문공이 산에 불을 지르면 나오리라 생각하고 불을 질렀지만 개자추는 그대로 불에 타 죽어 버렸다. 이후 사람들은 개자추의 충절을 기리기 위해서 '찬밥을 먹는 풍습'을 만들었고 이를 한식(寒食)이라고 부르고 있는 것이다.

김대중 후보도 문공처럼 어려운 시절 함께 따르던 많은 가신들을 거느리고 있을 것이다. 함께 고생하고 고난을 나누던 가신들이 이제는 모두 정권을 창출해 낸 공신이 되었을 것이다.

그러나 그들은 명심해야 할 것이다.

김대중 후보의 대통령 당선은 개자추의 말처럼 실로 하늘이 열어준 것이지 그들의 공로는 아닌 것이다. 그러므로 김대중 후보의 측근들은 '하늘의 공을 탐내어 자기의 공로라 하는 것도 도둑이 아닐 것인가' 라는 개자추의 말에 귀를 기울여야 할 것이다.

김영삼 정권의 실책은 가신들의 걸신들인 논공행상에서부터 비롯되었다. 그들은 찬밥을 먹을 때의 고통을 너무나 쉽사리 잊고 더운 밥을 찾아 스스로 부패하고 스스로 썩어갔다.

21세기를 여는 김대중 대통령에게는 난제들이 산더미처럼 쌓여 있다. 당장 IMF 시대의 경제적 난국이 버티고 있으며 50년에 걸친 무능하고 책임없는 관료들과 그들의 부정부패, 정경유착에 따른 재벌들의 횡포, 통일을 향한 민족의 과제 등. 그러나 이제 그 위대한 미래를 향한 발자국을 떼어놓는 바로 이 순간에 가장 필요한 것은 그 오랜 망명 기간 중에 형성된 핏줄과의 단절이다.

그 핏줄을 끊어라. 가신들은 개자추처럼 스스로 산 속으로 들어가 숨어 버려라. 대통령의 가족들이 저질렀던 오류 역시 되풀이 되어서는 안된다.

김대중 대통령의 가족들도 함께 숨어야 한다. 이들이 스스로 인연과 혈연의 고리를 끊어버리고 일체의 출세, 일체의 상을 포기할 때 인의 장막은 비로소 걷히고 김대중 대통령은 사사로운 인연에 얽매이지 않는 대 자유인이 될 것이다.

개자추(介子推)의 교훈

'죽느냐 사느냐 그것이 문제로다' 라고 절규하였던 햄릿의 독백처럼 지금 이 순간 승리의 환호성에 출렁이고 있는 측근들은 냉철하게 둘중의 하나를 선택해야 할 것이다.
"찬밥이냐 아니면 더운 밥이냐."

최인호
함께 가는 이야기
작은 마음의 눈으로 사랑하라

●

지은이 / 최인호
펴낸이 / 김춘호
펴낸곳 / 도서출판 제삼기획

1판 1쇄 발행 / 1998. 1. 15
1판 6쇄 발행 / 1998. 11. 25

등록번호 / 제10-216호
등록일자 / 1988. 4. 15.

서울시 은평구 대조동 203-31 우편번호 / 122-030
전화 / 383-2701~2 팩스 / 383-2703

1998 ⓒ 최인호

＊잘못된 책은 반드시 바꾸어 드립니다.
ISBN 89-7340-065-7 03810

값 7,200원